LA GUÍA RIDÍCULA- MENTE SIMPLE PARA IPHONE X, XR, XS, XS Y MAX

UNA GUÍA PRÁCTICA PARA COMENZAR CON LA PRÓXIMA GENERACIÓN DE IPHONE E IOS 12

BRIAN NORMAN

Ridiculously Simple Press
ANAHEIM, CALIFORNIA

Contents

INTRODUCCIÓN

Conseguir un nuevo iPhone es emocionante; Casi se puede sentir como conseguir un nuevo juguete. ¡A nadie le gusta un juguete que te hace leer un manual largo solo para descubrir cómo funciona la estúpida cosa!

Si usted ya ha tenido un iPhone (o tal vez varios), entonces es probable que usted ya sabe cómo funciona. Pero el iPhone X te lanzará una bola curva porque se ha eliminado el botón de Inicio. Me aseguraré de que sepa cómo usar los accesos directos y los gestos que acompañan esta transición. Por supuesto, también cubrirá todas las nuevas características agregadas a iOS 12.

Esta guía está formateada para ayudarlo a usar su teléfono (y todas sus potentes funciones) lo más rápido posible.

A propósito, he escrito esta guía para que sea un poco más informal y divertida que lo que espera de la mayoría de los manuales de iPhone. El iPhone es un gadget divertido, y cualquier guía que lea debe ser igualmente divertida.

Cada capítulo comienza con puntos claves sobre lo que se cubrirá, por lo que si algo ya sabe, puede saltar hacia adelante; Si solo necesita saber cómo usar las nuevas funciones, el libro también está formateado de manera que se destaque.

¿Estás listo para comenzar a disfrutar tu nuevo iPhone? ¡Entonces comencemos!

[1]

UM... ENTONCES, ¿DÓNDE ESTÁ EL BOTÓN DE INICIO? (Y OTROS CAMBIOS QUE NECESITA SABER)

Este capítulo cubrirá:
- Los botones de iPhones
- ¿Qué es Face ID?
- ¿Cuáles son las nuevas características de iOS 12?
- Cómo usar el iPhone cuando no tiene un botón de inicio físico

VAMOS A PONERNOS COSMÉTICOS, ¿DEBERÍAMOS?

Así que el verdadero elefante en la habitación con el iPhone X y superior es el botón de inicio o la falta de él. En el próximo capítulo, hablaré sobre la

3

configuración, así que sé que todo esto suena un poco al revés, pero debido a que muchas personas se están actualizando al nuevo iPhone desde un modelo anterior, vale la pena hablar de las principales cosas que serán diferente al respecto aquí.

Si has usado el iPhone antes, entonces apuesto a que pasarás un buen día continuamente poniendo tú pulgar donde solía estar el botón. No te preocupes Vas a superarlo. De hecho, una vez que te acostumbras a no estar allí, comenzarás a ver que es más efectivo sin eso.

Antes de sumergirse en los gestos, vamos a cubrir algunas otras cosas que se ven diferentes en este teléfono.

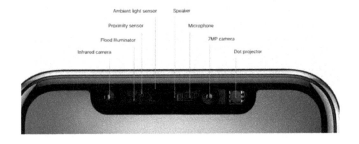

La parte superior del teléfono (que se conoce como la muesca superior) tiene mucho por ahí que otros teléfonos, ¿no es así? Todo eso ayuda a que tu teléfono funcione mejor. En el extremo derecho hay un proyector de puntos. Suena como algo que proyectará tu iPhone en la pared, ¿no es así? ¡Lo deseo! De hecho, esa es la cámara que escanea tu rostro en busca de Face ID (hablare de eso en solo un segundo). Junto a eso está la cámara; es 7MP, que no es tan bueno como la cámara de 12MP en la parte posterior, pero es sin duda una mejora de lo que era en los teléfonos anteriores. Hay algunos otros sensores y cámaras como en el extremo izquierdo. Todos suenan extravagantes, ¿no? Sensor de proximidad. Iluminador de inundaciones. La fantasía es... ¡bien elegante! Pero, ¿qué significa eso en términos simples? ¡Significa que la cámara frontal puede tomar selfies bastante impresionantes! Si ha usado el iPhone 8 u 8+, entonces probablemente esté familiarizado con el modo de retrato. Si no, en pocas palabras, le da un aspecto borroso y profesional a su foto. Para hacer eso, necesitas algunos sensores adicionales; El iPhone X y XS tienen esas características y la parte frontal y posterior de la cámara. Eso significa que usted puede obtener las mismas fotos de calidad, no importa lo que se utiliza (Cámara delantera o trasera).

Está bien, entonces todo eso es interesante, ¿verdad? Pero en realidad no haces nada con la muesca. ¿Qué pasa con los botones en el propio teléfono? ¡Buena pregunta! ¡Gracias por preguntar!

La colocación de los botones no es demasiado lejos del de los IPhones anteriores

Volume
up/down

Side
button

En el lado derecho, tienes el botón de volumen hacia arriba y hacia abajo, que sí, ¡lo has adivinado! ¡Sube y baja tu volumen! También está el interruptor encima que silencia el sonido.

En el lado izquierdo usted tiene su "botón lateral." La leyenda cuenta, que se nombro botón lateral porque está en el lateral del teléfono! Ese botón está en otros teléfonos, aunque un poco más corto, pero aquí funciona un poco diferente.

El botón lateral es y no es la colocación del botón de Inicio. Eso suena vago, ¿eh? Esto es lo que quiero decir: no usarás este botón para volver a la pantalla de inicio, pero puedes usarlo para activar Siri (o simplemente puedes decir "Hola Siri "). También puede utilizar este botón para encender y apagar el teléfono - o para ponerlo en modo de espera (que es el modo de poner en después de haber terminado de jugar Angry Birds en el baño y necesitas dejar de usar el teléfono por un minuto para lavarse las manos).

El uso más común del botón lateral es para activar su teléfono. Tomar su teléfono y mirarlo con una expresión molesta o confundida también lo hará. Pero si alguna vez te quedas atascado y tocar el teléfono no lo está despertando, simplemente presiona el botón lateral y estarás bien.

Ese botón lateral también te será útil cuando quieras usar Apple Pay: presiona dos veces el botón y luego miras a tu teléfono con tristeza, ya que el dinero se retira mágicamente.

HABLEMOS DE TU CARA

Las cosas iban bien contigo y con el botón de inicio. Podría frotarlo con el pulgar y, como un genio en una botella, leería mágicamente su ADN y se activaría. ¿Por qué Apple tienen que ir y arruinar una cosa buena?

El hecho de deshacerte del botón te da más espacio en la pantalla, pero muchos otros teléfonos han agregado un botón en la parte posterior del teléfono para que puedas tener ambos mundos. Es como si Apple estuviera tratando de obligarte a amarlo, ¿no es así? No sé por qué Apple hace todo esto, pero si la historia pasada nos enseña algo, hemos aprendido que Apple nos hace adoptar cosas mejores quitándonos las cosas que amamos. Nos encantaron nuestras unidades de CD... y Apple las sacó y puso unidades USB en su lugar; Lo logramos, ¿no? Lo hicieron de nuevo con la toma de auriculares. Y en los nuevos Macbook, el USB se ha ido y en su lugar el USB-C más rápido.

El cambio nunca es divertido, pero no es necesariamente algo malo. Si te gustan los números, te encantará este. Ese escáner de dedo meñique tiene una proporción de 50,000: 1, esa es la proporción de cuán difícil sería para alguien entrar en tu teléfono. ¿El iPhone con ID de cara? 1,000,000: 1. Entonces, si quieres un teléfono de seguridad, entonces Face ID es la mejor opción

Si eres esa persona que siempre está lanzando "¿Qué pasa si?" en la ecuación (eres la misma persona que mórbidamente preguntó: ¿y si alguien robó mi teléfono y me cortó el dedo para desbloquearlo? ¿El escáner de huellas dactilares seguirá trabajando?), Entonces estoy seguro de que tiene algunas preguntas. Como:

- ¿Qué pasa si uso gafas y luego me las quito o pongo lentes de contacto?
- ¿Qué pasa si tengo barba y me la afeito?
- ¿Qué pasa si creo que me parezco a Brad Pitt pero el teléfono dice que soy más como un Lyle Lovett?

Lo sentimos, Lyle, no todos pueden ser Brad, pero no tienes que preocuparte por esos dos primeros puntos. Face ID tiene reconocimiento adaptativo, por lo que estarás bien si decides dejártela crecer para Noviembre. Si estás en una habitación oscura, Face ID también siguen funcionando - aunque con un poco de ayuda del sensor de luz- que es un poco molesto si usted esta acostado en la cama y la única manera de desbloquear el teléfono es tener una luz encendida para escanear tu cara. Si estás en una habitación oscura, también puedes presionar ese botón lateral para abrirlo manualmente y omitir el Face ID.

Característica de este...

Cada año, Apple nos deslumbra con docenas de nuevas características. Muchas de estas funciones están bajo el capó y no suenan muy emocionantes, pero están haciendo que su teléfono funcione mejor. Brevemente, aquí hay algunas cosas que entusiasman a la gente. Cubriré dónde encontrar estos (y más) mientras los guío alrededor del IPhone y les mostraré dónde están las cosas.

- Facetime: con varias personas (hasta 32 para ser exactos); Esta es básicamente la forma de Apple de combatir Google Hangouts y

Skype. Desafortunadamente, la característica viene más tarde en el otoño.

- Animoji - Esta aplicación linda te permite animarte a ti mismo; se introdujo con el iPhone X, pero se actualizó para el nuevo iOS .
- Añadir pegatinas y filtros cuando se está en FaceTime o cuando se toma una fotografía en iMensajes
- El tiempo de pantalla - La característica más grande y depresiva del nuevo iOS! Esta aplicación nos dice exactamente cuánto tiempo estamos usando nuestros teléfonos.
- Controle sus notificaciones: con el iOS más nuevo, las notificaciones se agrupan (de modo que si tiene 40 correos electrónicos y 10 mensajes de texto, solo se mostrará uno y cuando lo presione, podrá ver lo que se encuentra debajo). También puede controlar cómo se entregan las notificaciones, por ejemplo, si desea que se envíen de manera silenciosa (recibe la notificación en el Centro de notificaciones, pero no en la pantalla de bloqueo, y se entrega sin un timbre).
- Comparte más que fotos: anteriormente, puedes compartir fotos; en el nuevo iOS puedes compartir recuerdos, así que si tienes un grupo de fotos de

ese increíble viaje a Boring Town, EE.
UU., puedes compartirlas con todos tus
amigos.
- Si desea la gran lista gigante de todo lo
nuevo en iOS 12, visite: https://www.ap-
ple.com/ios/ios-12/features/

Gracias por el buen gesto, Apple!
Y ahora, el momento en el que ha estado
leyendo: cómo abrirse camino en un teléfono sin el
botón.

Vamos a casa

Primero, el gesto más fácil: llegar a la pantalla
de inicio. ¿Tienes lista tu pluma y tu papel? Es complicado... deslizar hacia arriba desde la parte inferior de la pantalla.
Eso es.
No está muy lejos de presionar un botón. ¡Diablos, tus dedos incluso están el mismo lugar! La
única diferencia r es su movimiento con el pulgar
hacia arriba en vez de hacia adentro.

Multitarea

Como diría Dorothy, no hay un lugar como el
Hogar, pero aún podemos dar un grito de multitarea, ¿no? Si no sabe qué es, Multitarea es la
forma de cambiar rápidamente entre aplicaciones:
está en iMensaje y desea abrir Safari para obtener

un sitio web, por ejemplo; en lugar de cerrar iMensaje, encontrando Safari desde la pantalla de inicio, y luego repetir el proceso para volver, se utiliza multitarea que hacerlo rápidamente.

En los viejos iPhone, debe presionar dos veces el botón Inicio. En el nuevo iPhone, desliza hacia arriba desde la parte inferior como si fuera a la pantalla de inicio ... pero no levante el dedo; en lugar de levantar el dedo, continuará desplazándose hacia arriba hasta llegar a la mitad de la pantalla - en este punto, debería ver la interfaz de multitarea

Si tiene una aplicación abierta (Nota: esto no funciona en la pantalla de inicio), también puede deslizar el dedo por el borde inferior de la pantalla; Esto irá a la aplicación anterior abierta.

CONTROL DE LA MISIÓN... VAMOS POR UNA LINTERNA

Si no te has dado cuenta, estoy poniendo estas características en otra de uso. Así que el tercer gesto más común que usan las personas es el Centro de Control. Ahí es donde se ubican todos tus Controles - imagínate... ¡El Control es donde están los controles!

Revisaremos el panel de control más adelante en el libro. Por ahora, simplemente sepa que aquí podrá hacer cosas como ajustar el brillo, habilitar el modo avión y encender la amada linterna. En el antiguo iPhone, accedió al Centro de control deslizando hacia arriba desde la parte inferior de la pantalla. No, bueno en el nuevo iPhone: si recuerdas, al deslizarte te llevará a casa.

Un nuevo gesto para el Centro de control es deslizar hacia abajo desde la esquina superior derecha del iPhone (no en la mitad superior, lo que hará otra cosa).

NOTIFICARME CÓMO RECIBIR NOTIFICACIONES

¡Eco! ¡Tantos gestos para recordar! Déjame tirarte un hueso. Para ver las notificaciones (esas son las alertas como el correo electrónico y el texto que recibe en su teléfono), deslice el dedo hacia abajo desde la mitad de la pantalla. ¡Así es como lo hiciste antes! Por último, ¡nada nuevo para recordar!

No me gusta robar su columna vertebral, pero acerca de no recordar nada: hay algo que recordar ☹

Si deslizas hacia abajo desde la esquina derecha, obtienes el Centro de Control; Ese no era el caso de los teléfonos viejos. Deslizar hacia abajo en cualquier lugar en la parte superior te llevó a la pantalla de inicio. En la X y arriba, solo puedes deslizar en el medio.

BUSCANDO RESPUESTAS

Si eres como yo, probablemente tengas un millón de aplicaciones, y como quieres ver el fondo de pantalla en la pantalla de inicio de tu teléfono, ¡colocas esas millones de aplicaciones en una carpeta! Puede que esa no sea la mejor manera de organizar una biblioteca, pero la función de búsqueda en el iPhone hace que sea fácil encontrar cualquier cosa rápidamente.

Además de las aplicaciones, puede usar la búsqueda para encontrar fechas de calendario, contactos, cosas en Internet. ¿La mejor parte de la búsqueda? Funciona de la misma manera que en los iPhones más antiguos... ¡ahí está tu hueso! Desde tu pantalla de inicio, deslízate hacia abajo en el centro de la pantalla.

LLAMANDO A TODOS LOS WIDGETS

Muchas aplicaciones vienen con lo que se conoce como un widget. Los widgets son básicamente mini versiones de su aplicación favorita - por lo que puede ver el tiempo, por ejemplo, sin siquiera abrir la aplicación.

El gesto para ver los widgets es el mismo en el nuevo teléfono que el anterior. ¡Hurra! Algo más que no tienes que aprender. Desde la pantalla de inicio o de bloqueo, deslízate hacia la derecha y saldrán.

ALCANZAR EL CIELO

Hace varios años, Apple hizo un gran cambio en el iPhone al hacer las cosas... ¡bien grande! Ellos introdujeron lo que se conoce como el modelo "plus". Fue maravilloso... ¡y grande! Si usted tenía las manos de Shaq, entonces tendría ningún problema para moverse alrededor del equipo. Si tenías manos humanas normales, entonces las aplicaciones en la fila superior del teléfono eran un poco exageradas de alcanzar con una mano.

Esto no fue un gran problema en el iPhone X porque era un poco más pequeño que elplus. La próxima generación de teléfonos, sin embargo,

introdujo un modelo "max".En los teléfonos antiguos, esto fue instantáneo: solo toque dos veces (no
presione, toque) el botón Inicio. ¿Nuevos teléfonos? Lo siento, pero hemos vuelto a aprender
cosas nuevas... Me he quedado sin aliento para
este capítulo.

Para llegar a la parte superior, deslice el dedo
hacia abajo en el borde inferior de la pantalla.

EL RESUMEN RIDÍCULAMENTE SIMPLE DEL CAPÍTULO UNO

Bien, ¿solo tienes un minuto para ponerte en
marcha y necesitas el resumen de 1 minuto de todo
lo importante?

Vamos a cubrir los gestos. El lado derecho será
la forma en que solía funcionar el gesto, y el lado
izquierdo será la forma en que funciona en los nuevos iPhones.

iPhone 8 y hacía abajo	iPhone X en adelante
Ir a la pantalla de inicio - Presione el botón de inicio. Ir a la pantalla de inicio - Presione el botón de inicio	Ir a la pantalla de inicio: deslice hacia arriba desde la parte inferior de la pantalla.
Multitarea - Presione dos veces el botón de inicio.	Multitarea: deslice hacia arriba desde la parte inferior de la pantalla, pero no levante el dedo hasta

	que llegue a la mitad de la pantalla.
Centro de control: desliza hacia arriba desde la parte inferior de la pantalla.	Centro de control: desliza el dedo hacia abajo desde la esquina superior derecha del iPhone.
Notificaciones: desliza el dedo hacia abajo desde la parte superior de la pantalla.	Notificaciones: desliza el dedo hacia abajo desde la parte superior central de la pantalla.
Buscar: desde la pantalla de inicio, deslízate hacia abajo desde la mitad de la pantalla.	Buscar: desde la pantalla de inicio, deslízate hacia abajo desde la mitad de la pantalla.
Acceder a widgets: desde la pantalla de inicio o de bloqueo, desliza el dedo hacia la derecha.	Acceder a widgets: desde la pantalla de inicio o de bloqueo, desliza el dedo hacia la derecha.
Llegar a la parte superior: toque dos veces (no presione) el botón de inicio.	Llegar a la parte superior: deslice el dedo hacia abajo en el borde inferior de la pantalla.

[2]

HOLA MUNDO

Este capítulo cubrirá:
- Configurando tu iPhone por primera vez
- Configuración de su iPhone con su configuración de su teléfono anterior
- Configuración del Face ID
- Cargando
- Navegar por el teléfono usando gestos, toque 3D y más
- Usando el teclado en pantalla

PREPARANDO LAS COSAS

Ahora que conoces las principales diferencias entre la naturaleza física del teléfono, vamos a tomar un set y hablamos de configurarlo. Si usted esta ya en la pantalla de inicio, es obvio que puede omitir esta sección.

Desembalar el iPhone no debería lanzar ninguna curva. No tiene un manual, pero eso no esta mal para Apple. Puede encontrar el manual en el sitio web de Apple (https :

//support.apple.com/manuals/iphone) si es algo que le gustaría ver. También es gratis en iBooks. Lo que es importante señalar son los auriculares del teléfono. Hace unos años, Apple decidió por nosotros que ya no necesitábamos un conector para auriculares normal. Qué dulce, ¿verdad? Pero para ser amables, siempre lanzaron un adaptador de iluminación de 3.5 m, por lo que podría usar cualquier auricular cuando se enchufó. El modelo de este año descarta eso. Si está interesado en usarlo, entonces puede comprar uno por menos de $ 10.

Una vez que encienda el teléfono con el botón lateral, se cargará a una pantalla de configuración. La configuración puede ser intimidante para mucha gente, pero la configuración de Apple es probablemente la más fácil que jamás harás, incluso mi mamá, que odia todos los aparatos electrónicos, no tuvo ningún problema en hacerlo sola.

Es bastante sencillo. Supongo que simplemente podría escribir todo lo que se verá en la pantalla, pero parece un poco contraproducente ya que lo estás viendo en pantalla electrónica. En pocas palabras, se va a pedir su idioma y país de preferencia, la red inalámbrica (asegúrese de que se conecte a su red inalámbrica aquí, o va a empezar a descargar una gran cantidad de aplicaciones por encima de su LTE, que se utilizan demasiado datos), y deberá activar su dispositivo con su proveedor de servicios inalámbricos.

Así que eso es lo básico. Hay algunas opciones después de aquí que podrían ser un poco menos directas. La primera es una pregunta que le pregunta si desea Localización de Servicios encendidos. Recomiendo decir que sí. Así es como el mapa automáticamente se sabe dónde se encuentra, o cuando se toma una foto en Ciudad Boring, EE.UU., y varios años más tarde se dice "¿Donde en está tierra fue tomada esta foto?" Usted sabrá exactamente dónde estaba si los servicios de ubicación están activados. Recuerde: nada de lo que se presenta aquí (o que enciendas) no se puede cambiar más adelante. Así que si cambias de opinión, está bien.

Debería saber que: en cualquier momento se utilizan los servicios de ubicación en una aplicación, verá un pequeño icono de flecha en la esquina superior derecha de la pantalla.

ID DE ROSTRO

Face ID es probablemente una de las características que más escuchas. Permite que su teléfono escanee su cara para desbloquearlo, es más seguro que su huella digital. Para empezar, solo toca el botón de empezar.

A continuación se le dirigirá a poner su cara en el centro de la cámara, y que, básicamente, mueva su cabeza, por lo que la cámara puede ver la totalidad de su cara. Es algo así como rodar tu próximo alrededor. Se tarda unos 20 segundos en completarse.

Una vez hecho esto, recibirás un mensaje. Eso es. ¡Tu teléfono ya está listo para desbloquear en el sitio de tu hermosa cara!

**Face ID is now
set up.**

Done

Después de configurar la identificación de rostro, se le solicitará que ingrese un código de acceso. ¿Por qué necesita un código de acceso cuando tiene una ID de rostro? La razón principal es que puede haber ocasiones en las que no desee utilizar Face ID (como si estuviera oscuro y no desea que se ilumine un montón de luz desde su teléfono) o si tiene un amigo que necesita ingresar a su teléfono.

Por defecto, el código de acceso es de seis dígitos. Si no desea agregar uno, toque "No agregar código de acceso"; en esta misma área, también puede cambiarlo a un código de acceso de cuatro dígitos. Mi único consejo aquí es ser creativo: no uses los mismos cuatro dígitos que tu pin de banco, o los últimos cuatro de tu social. Y recuerda: puedes cambiarlo más tarde.

Una vez que se configuran las opciones de seguridad, tendrá la opción de restaurar desde una copia de seguridad. Si usted tiene un iPhone anterior, yo recomendaría hacer esto - que le ahorrará tiempo ajustando algunos de los ajustes más adelante.

Si usted ha decidido a restaurar desde una copia de seguridad, a continuación, asegúrese de que su copia de seguridad está al día. En su iPhone anterior, vaya a Configuración, luego toque su nombre en la parte superior (probablemente tendrá una foto suya), luego toque iCloud y finalmente vaya a iCloud Backup. Se puede establecer en automático. Sólo para asegurarse de obtener todo, sin embargo, me gustaría aprovechar copia de seguridad ahora. Por debajo de la opción de copia de seguridad ahora, se puede ver cuando se realizó la última copia de seguridad.

¡Ya casi terminas! ¡Pero primero Apple necesita que comprendan cómo tomar su dinero! La siguiente pantalla es crear una ID de Apple. Si ya tienes uno, inicia sesión; Si no tienes uno, entonces crea uno gratis. ¿No quieres darle a Apple tu dinero duramente ganado? ¡No te culpo! Después de todo, ¡solo te quitaron $ 1,000 para tu teléfono! Pero todavía necesitas una ID de Apple. No se preocupe - usted no tiene que darles más dinero si realmente no quiere, pero estoy seguro de que querrá descargar aplicaciones gratis (como Facebook), y se necesitara una ID de Apple para eso también. Una vez que su teléfono haya terminado de pensar cómo le cobrara su dinero, será el momento de configurar iCloud. Nuevamente, esto es algo que recomiendo configurar. iCloud respalda todo de forma remota; así que si quieres compartir cosas en múltiples dispositivos (tu Apple Watch, iPad , Macbook , Apple TV, por ejemplo) es pan comido.

Después de iCloud es Apple Pay. "¡Espera", dices! "¡¿Pensé que Apple ya había preguntado cómo iban a obtener más dinero?!" ¡Lo hicieron! ¡Esto es todo acerca de cómo otros tomarán tu dinero! Una vez que tenga un teléfonocaro, todo el mundo quiere un pedazo de ti! Apple Pay, básicamente, creara una tarjeta de crédito virtual por lo que cuando estás en el supermercado, usted puede pagar usando su teléfono en lugar de sacar de su cartera.

¿Apple Pay es realmente seguro? En una palabra: si. Es más seguro que la tarjeta que lleva en su billetera. A diferencia de esa tarjeta, nadie puede ver los números en él y si alguien fuera a robar su teléfono, que no sería capaz de usar de Apple Pay a menos que conozcan su contraseña. El cifrado en Apple Pay también es mucho más sofisticado: es mucho más probable que su número sea pirateado en línea que en su teléfono.

La mayoría de los bancos están en Apple Pay, pero desafortunadamente, algunos no lo están. Si no ves el tuyo, tendrás que esperar. No puedes agregarlo manualmente.

El siguiente es el Keychain iCloud. Como la mayoría de las cosas en la configuración, todo tiene que ver con lo que te sientes cómodo. Keychain almacena todas tus contraseñas en un solo lugar. Entonces, si está comprando en línea, no tiene que agregarlo o recordarlo. Todo está seguro, nadie puede verlo, excepto usted. Y, por supuesto, puede activarlo o desactivarlo más tarde.

¡Sólo unos pocos pasos más! Sin dolor hasta ahora, ¿verdad?

A continuación está Siri. Siri es tu asistente personal. Se puede decir cosas como "Hola, Siri: ¿cuál es el clima?" y como magia, ella te dirá. Lo cubriré más adelante en el libro, pero por ahora lo encendería.

Después de habilitar Siri, decidir si o no a los reportes de datos de diagnóstico y uso a Apple. Si usted está preocupado acerca de la privacidad, toque la Información sobre los diagnósticos y de privacidad para saber qué información de Apple se recibir y cómo se va a utilizar.

Finalmente, decida si desea o no usar una pantalla ampliada o no. Si prefiere iconos más grandes, se puede elegir la vista enfocada para una magnifica vista de la pantalla. Depende de usted, y esta configuración se puede cambiar más Adelante

Y finalmente, ¡la configuración está lista! La última pantalla dice: "Bienvenido a iPhone - Comenzar" al tocarlo te llevará a la pantalla de inicio, y ahí es donde realmente comienza la diversión.

●●●●○ AT&T 📶   8:53 PM   ⊕ 98% ▰

Welcome to iPhone

Get Started

¡ME SIENTO CARGADA!

Antes de profundizar en el uso de tu teléfono, quiero hablar rápido sobre la carga. Probablemente sepa cómo conectar el cargador a su teléfono. Si no puede averiguar cómo insertar una salida en una entrada, llame al sobrino que nunca responde su llamada y pregúntele. Le va a encantar saber de ti, estoy seguro.

Lo que podría no ser tan obvio es que el iPhone no necesita estar conectado a nada para cargarse. Los nuevos iPhones se pueden cargar de forma inalámbrica. Para hacer esto, necesita lo que se llama un "cargador de Qi". No son terriblemente caros (rango de $20). Los cargadores Qi son compatibles con otros teléfonos, por lo que muchos cafés y hoteles los tienen listos para usar. Para usarlo, simplemente colóquelo encima de la base de carga inalámbrica y asegúrese de que la luz de carga (⚡) se encienda en el teléfono. Es realmente simple

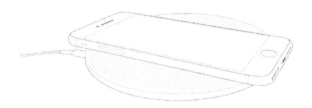

¡Suficiente sobre la configuración! ¿Cómo uso esta cosa, ya?

El iPhone es un dispositivo de pantalla táctil, por lo que si lo usas, pensarías que solo deberías preocuparte por una cosa: ¡tocarlo!

Es verdad. Pero hay diferentes formas de tocarlo. Afortunadamente, a diferencia de los gestos (mencionados en el Capítulo Uno), nada ha cambiado realmente; así que si usted sabe cómo usar un iPhone con 3D táctil en los teléfonos anteriores, usted estará bien. A continuación se muestra un breve resumen:

TOCAR.

Este es el "clic" del mundo iPhone. Un Toque es sólo un breve toque. No tiene que ser duro o durar mucho tiempo. Tocarás íconos, hipervínculos, opciones de formulario y más. También tocará los

números en un teclado en pantalla para realizar
llamadas. No es exactamente ciencia de cohetes,
¿o sí?

TOQUE Y MANTENGA

Esto significa simplemente tocando la pantalla y
dejando su dedo en contacto con el vidrio. Es útil
para mostrar menús contextuales u otras opciones
en algunas aplicaciones.

DOBLE TOQUE

Esto se refiere a dos toques rápidos, como
hacer doble clic con el dedo. Doble toque realizará
diferentes funciones en diferentes aplicaciones. También ampliará imágenes o páginas web.

TOQUE 3D: PRESIONE

Así que aquí es donde se pone un poco complicado, pero en realidad no es tan complicado. 3D
Touch es básicamente lo fuerte que presionas hacia
abajo. Si presiona la pantalla de cristal como si
estuviera presionando un botón, puede "mirar"
elementos como mensajes de correo, previsual-
izándolos sin abrirlos completamente. Luego, solo
presione un poco más fuerte para "abrir" el mensaje.

DESLICE

Deslizar significa colocar el dedo en la superficie de la pantalla, arrastrarlo hasta un punto determinado y luego quitar el dedo de la superficie. Utilizará este movimiento para navegar a través de los niveles del menú en sus aplicaciones, a través de páginas en Safari y más. Se convertirá en una segunda naturaleza de la noche a la mañana, lo prometo.

ARRASTRAR

Esto es mecánicamente lo mismo que deslizar, pero con un propósito diferente. Tocarás un objeto para seleccionarlo, y luego lo arrastrarás a donde sea necesario para soltarlo. Es como arrastrar y soltar con un mouse, pero se salta al intermediario.

PELLIZCO

Tomar dos dedos, colocarlos en la pantalla del iPhone, y moverlos ya sea uno hacia el otro o lejos el uno del otro en un movimiento pellizcando normal o inversamente. Mover los dedos juntos va a enfocar en el interior de muchas de las aplicaciones, incluyendo los navegadores web y espectadores de foto ; separándolos se alejará.

GIRAR E INCLINAR

Muchas aplicaciones en iPhone aprovechan la rotación y la inclinación del dispositivo. Por ejemplo, en la aplicación de pago Star Walk, puede inclinar la pantalla para que se señaló en cualquier sección del cielo nocturno que le interesa - Star Walk revelará la constelaciones en base a la dirección que apunta el iPhone.

¿CÓMO ENVÍAS LINDOS EMOJIS A TODOS?

La razón por la que tienes un iPhone es para enviar adorable emojis con tus mensajes de texto, ¡obviamente! ¡Entonces, cómo lo haces! Está todo en el teclado, así que cubriré eso a continuación.

Cada vez que escribes un mensaje, el teclado aparece automáticamente. No hay pasos adicionales. Pero hay algunas cosas que puedes hacer con el teclado para hacerlo más personal.

Hay algunas cosas que notar en el teclado: la tecla de eliminar está marcada con una pequeña x (está justo al lado de la letra M), y la tecla de mayúsculas es la tecla con la flecha hacia arriba (junto a la letra Z).

Por defecto, la primera letra que escriba será capitalizada. Sin embargo, puede ver en qué caso están las letras a simple vista.

Para utilizar la tecla de mayúsculas, toque y luego toque la letra que desea sacar provecho o alterna la puntuación que desea utilizar. Alternativamente, puede tocar la tecla de mayúsculas y arrastrar el dedo a la letra que desea poner en mayúsculas. Presione dos veces la tecla Mayúscula para ingresar el bloqueo de mayúsculas (es decir, todo está en mayúsculas) y toque una vez para salir del bloqueo de mayúsculas.

CARACTERES ESPECIALES

Para escribir caracteres especiales, solo toque y mantenga presionada la tecla de la letra asociada hasta que aparezcan las opciones. Arrastre el dedo hacia el personaje que desea usar y siga su camino. ¿Para qué usarías esto exactamente? Digamos que estás escribiendo algo en español y necesitas el acento en la "e"; Si pulsa y mantiene presionada la "e", aparecerá esa opción.

USANDO EL DICTADO

Seamos realistas: escribir en el teclado apesta veces apesta! ¿No sería más fácil simplemente decir lo que quieres escribir? Si eso suena como usted, ¡entonces el dictado puede ayudar! Solo toca el micrófono junto a la barra espaciadora y comienza a hablar. Funciona bastante bien.

Teclados de números y símbolos

Por supuesto, hay más en la vida que las letras y los signos de exclamación. Si necesita usar números, toque la tecla 123 en la esquina inferior izquierda. Con ello se abre un teclado diferente con los números y símbolos.

A partir de este teclado, se puede volver al alfabeto pulsando la tecla ABC en la esquina inferior izquierda. También puede acceder a un teclado adicional que incluye los símbolos estándar restantes presionando la tecla # +, justo arriba de la tecla ABC.

TECLADO EMOJI

¡Y finalmente, el momento que has esperado! ¡Emojis!

Se puede acceder al teclado emoji usando la tecla de la cara sonriente entre la tecla 123 y la tecla de dictado. Los Emojis son pequeñas imágenes de dibujos animados que puedes usar para animar tus mensajes de texto u otros resultados escritos. Esto va mucho más allá de los emojis antiguos- hay suficientes emojis en su iPhone para crear todo un vocabulario visual.

Para utilizar el teclado emoji, tenga en cuenta que hay categorías a lo largo de la parte inferior (y que el icono del globo en el extremo izquierdo volverá al mundo del lenguaje).dentro de esas categorías, hay varias pantallas de pictográficas para elegir. Muchos de los emojis humanos incluyen variaciones multiculturales. Simplemente manténgalos presionados para revelar otras opciones.

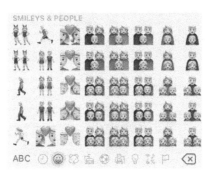

MECANOGRAFÍA MULTILINGÜE

La mayoría de las personas probablemente están listas. Saben todo lo que necesitan saber sobre escribir en el iPhone y están listos para enviar emojis a sus amigos. Hay algunas otras características que se aplican a algunas (no a todas las personas)

Una de esas características es la escritura multilingüe. Esto es para las personas que escriben varios idiomas al mismo tiempo. Entonces, si escribe entre español e inglés, no seguirá viendo un mensaje que diga que su ortografía es incorrecta.

Si esto suena como usted, entonces sólo tiene que agregar otro diccionario, que es simple. Ir a Configuración> General> Diccionario.

CONFIGURANDO TECLADOS INTERNACIONALES

Si te encuentras escribiendo a menudo en un idioma diferente, es posible que desees configurar teclados internacionales. Para configurar teclados internacionales, visite Configuración> General> Teclado> Teclados. Luego, puede agregar un teclado internacional apropiado tocando Agregar nuevo teclado. Como ejemplo, iPhone tiene un gran soporte para la entrada de texto en chino: elija entre pinyin, stroke, zhuyin y escritura a mano, donde realmente dibuja el personaje usted mismo.

Cuando habilites otro teclado, la tecla Emoji sonriente cambiará a un ícono de globo. Para utilizar teclados internacionales, pulse la tecla del Globo para desplazarse por las opciones de teclado.

Su iPhone se carga con características para ayudar a prevenir deslices, incluyendo función correcta del autocorrector probado de Apple, que protege contra los errores tipográficos comunes. En iOS 8, Apple introdujo una función de texto predictivo que predice qué palabras es más probable que escriba, y su precisión es aún mejor en el nuevo iOS.

Tres opciones aparecen justo encima del teclado: la entrada como se escribió, más dos mejores suposiciones. El texto predictivo es algo específico del contexto, también. Aprende sus patrones de habla a medida que envía un correo electrónico a su jefe o envía un mensaje de texto a su mejor amigo, y le proporcionará las sugerencias adecuadas en función de a quién está enviando un mensaje o enviando un correo electrónico. Por supuesto, si te molesta, puede desactivarla visitando Ajustes> General> Teclados y apagar texto predictivo deslizando el cursor verde a la izquierda.

Teclados de terceros

Por último, puede agregar teclados de terceros a su teléfono. Así que si no te gusta el teclado del iPhone y quieren algo similar a lo que está en Android, entonces usted puede ir a la tienda de aplicaciones y conseguir que (más sobre esto luego).

[3]

SOLO LO BÁSICO... Y ¡MANTÉNGALO SIMPLE!

Este capítulo cubrirá:
- Pantalla de inicio
- Haciendo llamadas
- Agregar y eliminar aplicaciones
- Enviando mensajes
- Aplicaciones iMensaje
- Notificaciones
- AirDrop
-

WELCOME HOME

There's one thing that has pretty much stayed the same since the very first iPhone was released: the Home screen. The look has evolved, but the layout has not. All you need to know about it is it's the main screen. So when you read me say "go to the Home scree" this is the screen I'm talking about. Make sense?

MAKING CALLS

You know what always amazes me when I see commercials for the iPhone? It's a phone, but people never seem to be talking on it! But it actually can make phone calls!

If you actually need to call someone, then tap the green Phone icon in the lower left corner of your home screen. This will bring up the iPhone's keypad. Tap in your number and hit the green Call button. To hang up, just tap the red End button at the bottom of the screen. You'll see other options on the call screen, too. If you needed to use the keypad while on a call, just tap the Keypad circle to bring it up. Similarly, you can mute a call or put it on speaker here.

Receiving a call is fairly intuitive. When your phone rings, your iPhone will tell you who's calling. If their name is stored in your contacts (more on this later), it'll be displayed. All you have to do is swipe to answer the call. There are some additional options as well – you can ask iPhone to remind you of the call later by tapping Remind Me, or you can respond with a text message. iOS 12 includes some handy canned responses, including "can't talk right now...", "I'll call you later," "I'm on my way", and "What's up?" You can also send a custom message if you need to. If you miss a call, iPhone will let you know the next time you wake up your phone. By default, you can respond to a missed call directly from the lock screen.

When a call from an unknown number comes in, iPhone will check other apps like Mail where phone numbers might be found. Using that information, it will make a guess for you and let you know who might be calling. Kind of creepy, right? But also really useful.

If you want to feel extra special, you can have Siri announce your call. To turn this feature on, go to Settings > Phone > Announce Calls. Select Always, Headphones & Car, Headphones Only or Never to choose your preferred way to announce calls.

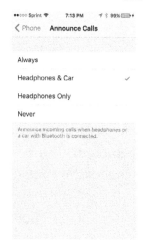

There's An App for That

App is short for application. So when you hear the term "There's an app for that." It just means there's a program that does what you want to do. If you're a Windows use, all those things you always open (like Word and Excel) are apps. Apple has literally millions of apps. Opening an app is as simple as touching it.

Unlike apps on a computer, you don't have to close apps on your phone. It's all automatic. For most apps, it will even remember where you were so when you open it again, it's saved.

Organizing Apps

If you're like me--and pretty much most people are--you love your apps and you have a lot of them! So you'll need to know how to move them around, put them in folders, and delete them. It's all easy to do.

The Home screen may be the first screen you see, but if you swipe to the right, you'll see there's more; you can have 11. Personally, I keep the most used apps on the first screen, and not so used apps in folders on the second. The bottom dock is where I put the apps I use all the time (like mail and Safari).

To rearrange apps, take your finger and touch one of your apps. Instead of tapping, hold your finger down for a few seconds--don't push too hard, however, or you'll activate the 3D Touch. Notice how all of your apps start jiggling? When the apps are jiggling like that, you can touch them without opening them and drag them around your screen. Try it out! Just touch an app and drag your finger to move it. When you've found the perfect spot, lift your finger and the app drops into place. After you've downloaded more apps, you can also drag apps across home screens.

You can delete an app using the same method for moving them. The only difference is instead of moving them, you tap the X in the upper left corner of the icon. Don't worry about deleting something on accident. Apps are stored in the cloud. You can delete and install them as many times as you want; you don't have to pay again--you just have to download them again.

Putting apps on different screens is helpful, but to be really organized you want to use folders. You can, for example, have a folder for all your game apps, finance apps, social apps. Whatever you want. You pick what to name it. If you want a "Apps I use on the toilet" folder, then you can absolutely have it!

To create a folder, just drag one app over another app you'd like to add into that folder.

Once they are together, you can name the folder. To delete the folder, just put the folder apps in "jiggle mode" and drag them out of the folder. iPhone doesn't allow empty folders – when a folder is empty, iPhone deletes it automatically.

MESSAGING

More and more smartphone users are staying connected through text messages instead of phone calls, and the iPhone makes it easy to keep in touch with everyone. In addition to sending regular SMS text messages and multimedia messages (pictures, links, video clips and voice notes), you can also use iMessage to interact with other Apple users. This feature allows you to send instant messages to anyone signed into a Mac running OS X Mountain Lion or higher, or any iOS device running iOS 5 or greater. iMessage for iOS 11 has been completely changed to make everything just a little more...animated.

On the main Messages screen you will be able to see the many different conversations you have going on. You can also delete conversations by swiping from right to left on the conversation you'd like, and tapping the red delete button. New conversations or existing conversations with new messages will be highlighted with a big blue dot next to it, and the Message icon will have a badge displaying the number of unread messages you have, similar to the Mail and Phone icons.

To create a message, click on the Messages icon, then the Compose button in the top right corner.

Once the new message dialog box pops up, click on the plus icon to choose from your contacts list, or just type in the phone number of the person you wish to text. For group messages, just keep adding as many people as you'd like. Finally, click on the bottom field to begin typing your message.

iMessage has added in a lot of new features over the past few years. If all you want to do is send a message, then just tap the blue up arrow.

But you can do so much more than just send a message! (Please note, if you are sending a message with newer features to someone with an older OS or a non-Apple device, then it won't look as it appears on your screen).

To start with, go ahead and push (but don't release that blue button—or if you are using a phone with 3D Touch, press down a little firmer). This will bring up several different animations for the message.

On the top of this screen, you'll also notice two tabs; one says "Bubble" and the other says "Screen"; if you tap "Screen" you can add animations to the entire screen. Swipe right and left to see each new animation.

When you get a message that you like and you want to respond to it, you can tap and hold your finger over the message or image; this will bring up different ways you can react.

Once you make your choice, the person on the receiving end will see how you responded.

If you'd like to add animation, a photo, a video, or lots of other things, then let's look at the options next to the message.

You have three choices--which bring up even more choices! The first is the camera, which let's you send photos with your message (or take new photos--note, these photos won't be saved on your phone), the next let's you used iMessage Apps (more on that in a second), and the last let's you record a message with your voice.

Let's look at the camera option first.

New Feature Alert! You can now add stickers, text, effects and more when you send someone a photo.

If you just want to attach a photo to your message, then after you tap the camera, go to the upper left corner and tap the photo icon; this brings up all the photos you can attach.

If you want to take an original photo, then tap the round button on the bottom. To add effects, tap the star in the lower left corner.

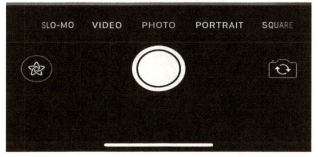

Tapping effects brings up all the different effects available to you. I'll talk more about Animoji soon but as an example, this app lets you put an Animoji over your face (see the example below--not bad for an author photo, eh?!)

Finally, the last option is apps. You should know all about phone apps by now, but now there's a new set of apps called iMessage apps. These apps let you be both silly (send digital stickers) or serious (send cash to someone via text). To get started, tap the plus sign to open the message app store.

You can browse all the apps just like you would the regular app store. Installing them is the same as well.

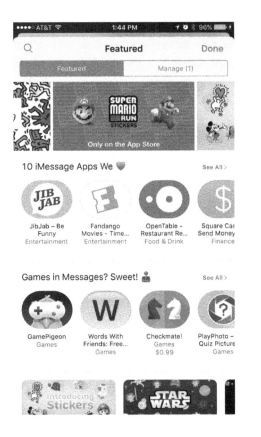

When your ready to use the app, just tap apps, tap the app you want to load, and tap what you want to send. You can also drag stickers on top of messages. Just tap, hold and drag.

Also in the app section is a button called #images.

If you tap on this button you can search for thousands of humorous meme's and animated GIFs. Just tap it and search a term you want to find—such as "Money" or "Fight".

One final iMessage feature worth trying out is the personal handwritten note. Tap on a new message like you are going to start typing a new message; now rotate your phone horizontal. This brings up an option to use your finger to create a handwritten note. Sign away, and then hit done when you're finished.

NOTIFICATIONS

When you have your phone locked, you'll start seeing notifications at some point; this tells you things like "You have a new email", "Don't forget to set your alarm", etc.

New Feature Alert: Notifications can get over-welming if you don't open your phone to clear them. iOS 12 introduced Grouping to notifica-tions.

So when you see all your notifications on you lock screen, they'll be organized by what they are. To see all the notifications from any one category, just tap it.

Not a fan of Grouping? No problem. You can turn it off for any app. Head to Settings, then Noti-fications, then tap the app you want to turn grouping off for. Under Notification Groupings, just turn off automatic.

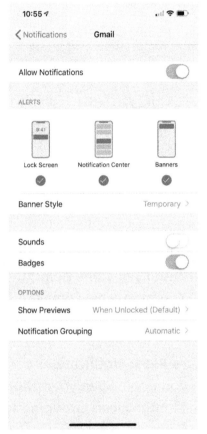

USING AIRDROP

AirDrop was introduced in iOS 7, though Apple fans have likely used the Mac OS version on Mac-Books and iMacs. In Mac OSX Sierra and Yosemite, you'll finally be able to share between iOS and your Mac using AirDrop.

AirDrop is Apple's file sharing service, and it comes standard on iOS 12 devices. You can activate AirDrop from the Share icon anywhere in iOS 12. If other AirDrop users are nearby, you'll see anything they're sharing in AirDrop, and they can see anything you share.

AirDrop. Share instantly with people nearby. If they turn on AirDrop from Control Center on iOS or from Finder on the Mac, you'll see their names here. Just tap to share.

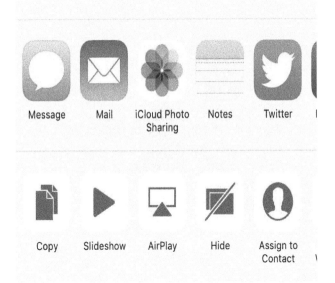

| Message | Mail | iCloud Photo Sharing | Notes | Twitter | |
| Copy | Slideshow | AirPlay | Hide | Assign to Contact |

[3]

SOLO LO BASICO... Y ¡MANTÉNGALO SIMPLE!

This chapter will cover:
- Pantalla de inicio
- Haciendo llamadas
- Agregar y eliminar aplicaciones
- Enviando mensajes
- Aplicaciones iMensaje
- Notificaciones
- AirDrop

BIENVENIDO A CASA

Hay una cosa que prácticamente ha permanecido igual desde que se lanzó el primer iPhone: la pantalla de inicio. El aspecto ha evolucionado, pero la composición no. Todo lo que necesitas saber es la pantalla principal. Así que cuando me lea, diga "ir a la pantalla de inicio", esta es la pantalla de la que estoy hablando. ¿Tiene sentido?

HACIENDO LLAMADAS

¿Sabes lo que siempre me sorprende cuando veo anuncios para el iPhone? Es un teléfono, ¡pero la gente nunca parece estar hablando de eso! ¡Pero en realidad puede hacer llamadas telefónicas!

Si realmente necesita llamar a alguien, toque el ícono verde de Teléfono en la esquina inferior izquierda de la pantalla de inicio. Esto abrirá el teclado del iPhone. Toque en su número y pulse el botón verde de llamada. Para colgar, simplemente toque el botón rojo Final en la parte inferior de la pantalla. Verás otras opciones en la pantalla de llamadas, también. Si necesitaba usar el teclado durante una llamada, solo toque el círculo del teclado para abrirlo. Del mismo modo, puede silenciar una llamada o ponerla en el altavoz aquí.

Recibir una llamada es bastante intuitivo. Cuando suene su teléfono, su iPhone le dirá quién está llamando. Si su nombre está almacenado en sus contactos (más sobre esto más adelante), se mostrará. Todo lo que tienes que hacer es deslizar para contestar la llamada. También hay algunas opciones adicionales: puede pedirle al iPhone que le recuerde la llamada más tarde tocando Recordarme, o puede enviar un mensaje de texto. iOS 12 incluye algunas respuestas enlatadas útiles, que incluyen "no puedo hablar en este momento ...", "Te llamaré más tarde", "Estoy en camino" y "¿Qué sucede?" También puedes enviar un mensaje personalizado si lo necesitas. Si pierde una llamada, el iPhone le informará la próxima vez que active su teléfono. De forma predeterminada, puede responder a una llamada perdida directamente desde la pantalla de bloqueo.

Cuando se recibe una llamada de un número desconocido, el iPhone verificará otras aplicaciones como Mail donde podrían encontrarse números de teléfono. Usando esa información, le hará una conjetura y le hará saber quién podría estar llamando. Un poco espeluznante, ¿verdad? Pero también muy útil.

Si desea sentirse muy especial, puede hacer que Siri anuncie su llamada. Para activar esta función, vaya a Configuración> Teléfono> Anunciar llamadas. Seleccione Siempre, Auriculares y automóvil, Solo auriculares o Nunca para elegir su forma preferida de anunciar llamadas.

HAY UNA APP PARA ESO

La App es abreviada para la aplicación. Entonces, cuando escuche el término "Hay una app para eso". Simplemente significa que hay un programa que hace lo que usted quiere hacer. Si usa Windows, todas esas cosas que siempre abre (como Word y Excel) son aplicaciones. Apple tiene literalmente millones de aplicaciones. Abrir una aplicación es tan simple como tocarla.

A diferencia de las aplicaciones en una computadora, no tiene que cerrar las aplicaciones en su teléfono. Todo es automático. Para la mayoría de las aplicaciones, incluso recordará dónde estaba, así que cuando lo abra de nuevo, se guardará.

ORGANIZANDO APPS

Si eres como yo, y la mayoría de la gente lo es, te encantan tus aplicaciones y tienes muchas de ellas. Por lo tanto, deberá saber cómo moverlos, colocarlos en carpetas y eliminarlos. Todo es fácil de hacer.

La pantalla de inicio puede ser la primera pantalla que veas, pero si pasas a la derecha, verás que hay más; puede tener 11. Personalmente, mantengo las aplicaciones más usadas en la primera pantalla, y las aplicaciones no usadas en carpetas en la segunda. La base inferior es donde coloco las aplicaciones que uso todo el tiempo (como el correo y Safari).

Para reorganizar las aplicaciones, toma tu dedo y toca una de tus aplicaciones. En lugar de tocar, mantenga el dedo presionado durante unos segundos - ¡No presione demasiado duro, sin embargo, o tendrá que activar el Touch 3D. ¿Te das cuenta de cómo todas tus aplicaciones empiezan a temblar? Cuando las aplicaciones están balanceándose de esa manera, se puede tocar sin abrirlas y arrastrarlos alrededor de su pantalla. ¡Pruébalo! Solo toca una aplicación y arrastra el dedo para moverla. Cuando haya encontrado el lugar perfecto, levante el dedo y la aplicación caerá en su lugar. Después de haber descargado más aplicaciones, también puede arrastrar aplicaciones a través de las pantallas de inicio.

Puedes eliminar una aplicación usando el mismo método para moverlas. La única diferencia es que en lugar de moverlos, toca la X en la esquina superior izquierda del icono. No te preocupes por borrar algo por accidente. Las aplicaciones se almacenan en la nube. Se pueden borrar e instalar tantas veces como desee; usted no tiene que pagar otra vez - sólo hay que descargarlos de nuevo.

Poner aplicaciones en diferentes pantallas es útil, pero para estar realmente organizado, debes usar carpetas. Por ejemplo, puede tener una carpeta para todas sus aplicaciones de juegos, aplicaciones de finanzas, aplicaciones sociales. Lo que quieras. Tu eliges como nombrarlo Si quieres una carpeta de "Aplicaciones que uso en el inodoro", ¡entonces absolutamente puedes tenerla!

Para crear una carpeta, sólo tienes que arrastrar una aplicación sobre otra aplicación que desea añadir en esa carpeta.

Una vez que estén juntos, puedes nombrar la carpeta. Para eliminar la carpeta, simplemente coloque las aplicaciones de la carpeta en "modo jiggle" y arrástrelas fuera de la carpeta. IPhone no permite carpetas vacías - cuando una carpeta esta vacía, el iPhone lo elimina automáticamente.

MENSAJERÍA

Cada vez más usuarios de teléfonos inteligentes se mantienen conectados a través de mensajes de texto en lugar de llamadas telefónicas, y el iPhone facilita el contacto con todos. Además de enviar mensajes de texto SMS y mensajes multimedia (imágenes, enlaces, videoclips y notas de voz), también puede utilizar iMensaje para interactuar con otros usuarios de Apple. Esta característica le permite enviar mensajes instantáneos cualquiera conectado a un Mac con OS X Mountain Lion o superior, o cualquier dispositivo iOS con iOS 5 o mayor. iMensaje para iOS 11 se ha cambiado completamente para hacer que todo sea un poco más... animado

En la pantalla principal de Mensajes podrá ver las diferentes conversaciones que tiene. También puede eliminar conversaciones deslizando de

derecha a izquierda en la conversación desea, y tocando el botón de borrar rojo. Nuevas conversaciones o conversaciones existentes con nuevos
mensajes se destacan con un punto azul grande al
lado de él, y el icono de mensajes tendrán una in-
signia que muestra el número de mensajes no
leídos que tiene, similares a los iconos del correo y
teléfono.

Para crear un mensaje, haga clic en el icono
Mensajes, a continuación, el botón Redactar en la
esquina derecha superior.

Una vez que aparezca el nuevo cuadro de
diálogo de mensaje, haga clic en el ícono más para
elegir de su lista de contactos, o simplemente ingrese el número de teléfono de la persona que
desea enviar un mensaje de texto. Para mensajes
grupales, solo sigue agregando tantas personas

como quieras. Finalmente, haga clic en el campo inferior para comenzar a escribir su mensaje.

iMensaje ha agregado muchas características nuevas en los últimos años. Si todo lo que desea hacer es enviar un mensaje, solo toque la flecha azul hacia arriba.

¡Pero puedes hacer mucho más que enviar un mensaje! (Tenga en cuenta que si va a enviar un mensaje con estas nuevas características a alguien con un sistema operativo más viejo o un dispositivo que no sea Apple, entonces no se verá tal como aparece en su pantalla).

Para empezar, seguir adelante y empuje (pero no soltar el botón o azul si está utilizando un teléfono con 3D táctil, presione hacia abajo un poco más firme). Con ello se abre varias animaciones diferentes para la mensajes.

En la parte superior de esta pantalla, también verás dos pestañas; uno dice "burbuja" y el otro dice "pantalla"; si toca "pantalla" se puede añadir unas animaciones a toda la pantalla. Desliza el dedo hacia la derecha y hacia la izquierda para ver cada nueva animación.

Cuando aparece un mensaje que le gusta y quiere responder a él, se puede tocar y mantener su dedo sobre el mensaje o imagen; Esto te mostrará diferentes formas en que puedes reaccionar.

Una vez que haga su elección, la persona en el extremo receptor verá cómo respondió.

Si desea agregar animación, una foto, un video o muchas otras cosas, entonces veamos las opciones al lado del mensaje.

Tienes tres opciones, ¡lo que trae aún más opciones! La primera es la cámara, que le permite enviar fotos con su mensaje (o tomar nuevas fotos; tenga en cuenta que estas fotos no se guardarán en su teléfono), la siguiente le permite usar aplicaciones de iMensaje (más sobre esto en un segundo), y el último te permite grabar un mensaje con tu voz.

VEAMOS PRIMERO LA OPCIÓN DE CÁMARA.

¡Alerta: Nueva función! Ahora puedes agregar pegatinas, texto, efectos y más cuando le envías una foto a alguien.

Si lo que desea es adjuntar una foto a su mensaje, a continuación, después de que toque la cámara, vaya a la esquina superior izquierda y toque en el icono de la foto; Esto trae todas las fotos que puedes adjuntar.

Si desea tomar una foto original, toque el botón redondo en la parte inferior. Para agregar efectos, toque la estrella en la esquina inferior izquierda.

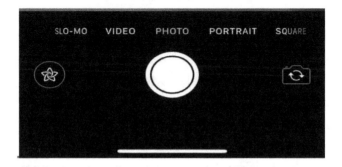

Al tocar los efectos, aparecen todos los diferentes efectos disponibles para ti. Hablaré más sobre Animoji pronto, pero como ejemplo, esta aplicación te permite poner un Animoji en tu cara (mira el ejemplo a continuación, no está mal para una foto de autor, ¿eh?)

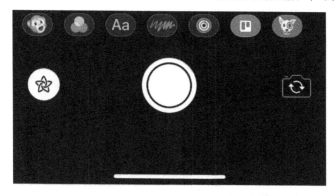

Finalmente, la última opción es apps. Ya
deberías saber todo acerca de las aplicaciones para

teléfonos, pero ahora hay un nuevo conjunto de aplicaciones llamadas iMensaje. Estas aplicaciones te permiten ser tonto (enviar pegatinas digitales) o serio (enviar dinero a alguien a través de un mensaje de texto). Para comenzar, toque el signo más para abrir la tienda de aplicaciones de mensajes.

Puede navegar por todas las aplicaciones como lo haría en la tienda de aplicaciones normal. Instalarlos también es lo mismo.

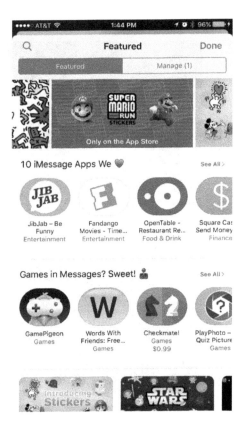

Cuando este listo para usar la aplicación, simplemente pulse aplicaciones, toque la aplicación que desea cargar y toque lo que desee enviar. También puede arrastrar pegatinas en la parte superior del mensaje. Simplemente toque, mantenga pulsado y arrastre.

También en la sección de aplicaciones hay un botón llamado #imagenes.

Si pulsa sobre este botón se puede buscar miles de memes de humor y GIF animados. Simplemente tóquelo y busque el término que desee encontrar, como "Dinero" o "Lucha".

Una última característica de iMensaje que vale la pena probar es la nota personal escrita a mano. Toca un nuevo mensaje para comenzar a escribir un nuevo mensaje; Ahora gira tu teléfono horizontal. Esto muestra una opción para usar su dedo para crear una nota escrita a mano. Firma, y

después haga clic en hecho cuando este terminado.

NOTIFICACIONES

Cuando tenga su teléfono bloqueado, comenzará a ver notificaciones en algún momento; Esto le
dice cosas como "Tiene un nuevo correo electrónico", "No se olvide de configurar su alarma",
etc.

Alerta: Nueva función: Las notificaciones
pueden ser abrumadoras si no abres el teléfono
para limpiarlas .iOS 12 introdujo la agrupación a
notificaciones.

Así que cuando veas todas tus notificaciones en
la pantalla de bloqueo, se organizarán según lo que
sean. Para ver todas las notificaciones de cualquier
categoría, solo tócalo.

¿No eres fan de Agrupar? No hay problema. Puedes desactivarlo para cualquier aplicación. Ve a Configuración, luego notificaciones, a
continuación, toque la aplicación que deseas dejar

fuera de la agrupación. Bajo Agrupaciones de notificación, sólo tiene que desactivarlo automático.

Utilizando AirDrop

AirDrop se introdujo en iOS 7, aunque es probable que los fanáticos de Apple hayan usado la versión de Mac OS en Mac Books e iMacs. En Mac OSX Sierra y Yosemite, finalmente podrás compartir entre iOS y tu Mac usando AirDrop.

AirDrop es el servicio de intercambio de archivos de Apple y viene de serie en dispositivos iOS 12. Puede activar AirDrop desde el icono de Compartir en cualquier lugar en IOS 12. Si otros usuarios de AirDrop están cerca, verá que cosas estan compartiendo en AirDrop, y se puede ver todo lo que tú compartes.

AirDrop. Share instantly with people nearby. If they turn on AirDrop from Control Center on iOS or from Finder on the Mac, you'll see their names here. Just tap to share.

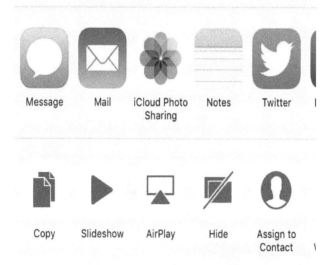

| Message | Mail | iCloud Photo Sharing | Notes | Twitter | |

| Copy | Slideshow | AirPlay | Hide | Assign to Contact |

[4]

SOLO LO BASICO... Y ¡MANTÉNGALO SIMPLE!

Este capítulo cubrirá:
- Más sobre el teléfono
- Enviando email
- Navegando en la web
- Usando iTunes
- Apple Music
- Encontrar aplicaciones en el App Store
- Agregar elementos de calendario
- Encontrar el clima
- Utilizando mapas
- iBooks
- Salud
- Encuentra a mis amigos
- Encuentra mi teléfono
- HomeKit
- ARKit

Hay millones de aplicaciones que puedes descargar, pero Apple invierte mucho tiempo en asegurarse de que algunas de las mejores aplicaciones estén disponibles. Cuando obtiene un nuevo iPhone, ya hay docenas de aplicaciones instaladas. Usted es libre de eliminarlos (y luego descargarlos nuevamente), pero antes de hacerlo, asegúrese de saber cuáles son.

TELÉFONO

En los capítulos anteriores, obtuviste un nivel muy alto para hacer llamadas. Ahora vamos a profundizar un poco más.

Abra su aplicación de teléfono. Observe las pestañas en la parte inferior de la pantalla. Repasemos lo que hace cada uno.

Favoritos: estas son las personas a las que llama con más frecuencia. También están en tus contactos. Es algo así como su marcación rápida.

Reciente: cualquier llamada (saliente o entrante) aparecerá aquí. Las llamadas entrantes son en negro, y las llamadas perdidas están en rojo.

Contactos: Aquí es donde estará cada contacto. ¿Te fijas en las letras del lado? Toque la letra correspondiendo a la persona a la que desea llamar para saltar a esa letra.

Teclado: Esto es lo que usas si quieres llamar a la persona que usa un teclado real.

Correo de voz: todo su correo de voz se almacena aquí hasta que lo borre.

Personalmente, me gusta agregar contactos yendo a icloud.com e iniciando sesión con mi cuenta de iTunes. Se sincroniza automáticamente con el teléfono y está basado en la web lo que significa que no importa sí estás utilizando una Mac o una PC. Prefiero esta manera porque puedo escribir con un teclado real.

Por el bien de este libro, sin embargo, voy a utilizar el método del teléfono; que es casi idéntico al iCloud.

Para agregar un contacto, toque en 'Contactos', y luego toque el botón '+' en la esquina superior derecha. Además, puede eliminar contactos tocando en el botón de edición, después tocando en la persona que desea borrar, y luego pulsando el botón Borrar.

Edit   **Favorites**   +

Para insertar información, todo lo que necesita hacer es tocar en cada campo. Si toca "Agregar foto" también tendrá la opción de tomar la foto de alguien o usar una que ya tenga. Si desea asignar un tono de llamada o una vibración, por lo que desempeña una determinada canción sólo cuando esta persona está llamando, a continuación, añadir que en virtud de tonos de llamada. Cuando hayas terminado, toca listo. Ahora le dará la opción de agregar a la persona a sus favoritos si es alguien a quien llamará con frecuencia.

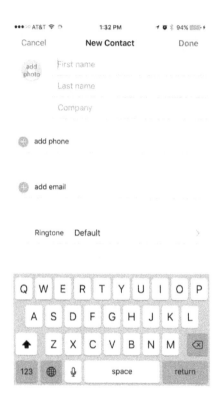

Para llamar a cualquier persona, simplemente toque su nombre. Si desea enviarles un mensaje de texto, toque la flecha azul al lado de su nombre, tenga en cuenta que solo la flecha azul aparece en la sección "Favoritos". Para llamar a alguien que no está en tus favoritos, toca su nombre en los contactos y te preguntará si deseas llamar o enviar un mensaje de texto. Si prefiere llamar a la persona

que usa Facetime (si tiene Facetime), también
tendrá la opción tocando el botón azul de exclamación.

Una característica altamente anunciada en el
iPhone es "No molestar". Cuando esta función está
activada, no se recibe ninguna llamada; que ni siquiera ve que su timbre del teléfono a menos que
sea de alguien en su lista de aprobados. De esa
manera, puede configurarlo para que suene solo si
alguien de su familia está llamando. Para utilizar
esta caracteristica, tiene que ir a 'Configuración' en
la pantalla principal.

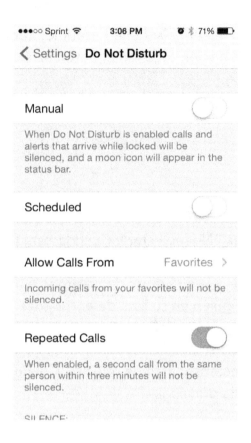

De forma predeterminada, cuando "No molestar" está activado, cualquiera de sus favoritos
puede llamar. Además, observe el botón 'Llamadas
repetidas' que está activado de forma predeterminada. Lo que eso significa es que si la misma persona llama dos veces en tres minutos, pasará.

Si desea configurarlo para que no pase ninguna
llamada, toque en 'Permitir llamadas desde'. Para
volver al menú anterior, simplemente pulse el
botón de 'no molestar' en la esquina superior
izquierda. Cada vez que vea un botón como ese en

la esquina superior izquierda, significa que lo llevará a la pantalla anterior. La información aquí se guarda tan pronto como la toca, así que no se preocupe por el botón Guardar.

CORREO

El iPhone permite añadir múltiples correos electrónicos, Es prácticamente desde cualquier cliente de correo electrónico que se pueda imaginar. Se pueden agregar a su teléfono Yahoo, Gmail, AOL, Exchange, Hotmail y muchos más para que pueda revisar su correo electrónico sin importar dónde se encuentre. Para agregar una dirección de correo electrónico, haga clic en el ícono de la aplicación Configuración, luego desplácese hasta el centro donde verá Correo, Contactos y Calendario. A continuación, verá los logotipos de los proveedores de correo electrónico más grandes, pero si usted tiene otro tipo de correo electrónico basta con hacer clic en "Otro" y continuar.

Si no conoce la configuración de su correo electrónico, deberá visitar la página de búsqueda de configuración de correo en el sitio web de Apple. Allí puede escribir su dirección de correo electrónico completa, y el sitio web le mostrará qué información escribir y dónde para que su cuenta de correo electrónico funcione en el teléfono. Los ajustes cambian con todo el mundo, así que lo que funciona para un correo pueden no funcionar con otro. Una vez que haya terminado de añadir tantas cuentas de correo electrónico que pueda necesitar, usted será capaz de hacer clic en el icono de la aplicación de correo en la pantalla de inicio del teléfono, y ver la bandeja de entrada cada uno por separado o todos a la vez.

NAVEGANDO POR INTERNET CON SAFARI

Si está utilizando el iPhone, es probable que ya esté pagando un plan de datos, por lo que es probable que desee aprovechar al máximo Internet.

Existe la posibilidad de que esté utilizando un operador que no tenga navegación web ilimitada. Esto significa que si usa mucho Internet, tendrá que pagar más. Lo que recomiendo es usar Wi-Fi cuando lo tengas (como en casa). Entonces, antes de volver a 'Safari', veamos muy rápidamente cómo habilitar el Wi-Fi.

En tu pantalla de inicio, presiona el ícono Configuraciones.

La segunda opción en el menú Configuración es Wi-Fi; toque en cualquier lugar en esa línea una vez.

Luego, cambie el Wi-Fi de apagado a encendido deslizando o tocando el botón 'Desactivado'.

Tu red Wi-Fi (si tienes una) aparecerá ahora. Toque una vez.

Si hay un candado al lado del símbolo de señal; eso significa que el acceso a Wi-Fi está bloqueado y necesita una contraseña para usarlo. Cuando se le solicite, ingrese la contraseña y luego presione 'Unirse'.

Ahora se conectará a la red. Recuerde que muchos lugares, como Star Bucks, McDonalds, Nordstroms , Lowe's, etc. ofrecen Wi-Fi gratuito como una forma de atraerlo a la tienda y conseguir que se quede. Aprovéchelo y ahorre el uso de datos para las veces que lo necesite.

VEAMOS CÓMO FUNCIONA SAFARI.

Toca el icono 'Safari' una vez que se inicie. Ya has visto cómo funciona la barra de direcciones. Para buscar algo usa el mismo cuadro exacto. Así es como puedes buscar cualquier cosa en internet. Piense en ello como un Buscador Google, Bing o Yahoo! en la esquina de tu pantalla. De hecho, eso es exactamente lo que es. Porque cuando buscas, utilizará uno de esos motores de búsqueda para encontrar resultados.

En la parte inferior de la pantalla verá cinco botones, los dos primeros son botones de avance y retroceso que hacen que el sitio web vaya hacia atrás o hacia adelante al sitio web en el que estaba anteriormente.

Junto a la flecha hacia adelante, justo en el medio, hay un botón que le permite compartir un sitio web, agregarlo a la 'Pantalla de inicio', imprimirlo, marcarlo, copiarlo o agregarlo a su lista de lectura.

¡Eso es genial! ¿Pero qué significa todo eso? Veamos cada botón en el menú:

Botones sociales: Correo, Mensaje, Twitter, Facebook son 'Botones sociales'; al presionar cualquiera de ellos se compartirá el sitio web que está viendo con el botón que presionó (Mensaje, FYI, es mensaje de texto)

Añadir a pantalla de inicio: Si usted va a un sitio web frecuentemente, esto puede ser muy conveniente. Lo que esto hace es añadir un icono para esa página web directamente a su 'pantalla de inicio'. De esa forma, cuando quiera iniciar el sitio web, puede hacerlo directamente desde la 'Pantalla de inicio'.

Imprimir: si tiene una impresora compatible con AirPrint, puede imprimir una foto, documento o página web directamente desde su teléfono.

Copiar: Esto copia la dirección del sitio web. Marcador: si va a un sitio web con frecuencia pero no desea agregarlo a su 'Pantalla de inicio', puede marcarlo como favorito. Te mostraré esto con más detalle en un momento.

Agregar a la Lista de lectura: si tiene un montón de noticias abiertas, puede agregarlas a una Lista de lectura para leerlas más tarde (incluso si está desconectado).

El siguiente botón, que parece un libro, es el botón de marcador.

Volvamos al botón de marcadores y veamos cómo funciona.

Cuando agregue un marcador (recuerde que hace esto desde el botón anterior, el botón central), le pedirá que lo nombre. Por defecto se puso en la pestaña de marcadores generales, pero también puede crear nuevas carpetas haciendo clic en 'Marcadores'.

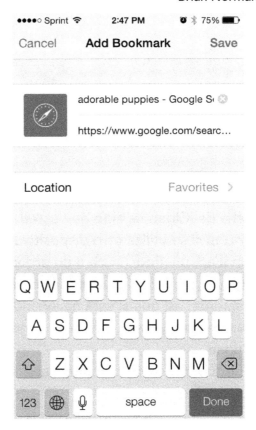

Ahora puede acceder al sitio web en cualquier momento sin escribir la dirección tocando el botón Marcadores.

Bookmarks		**Done**
📖	○○	@

☆ Favorites ›

🕐 History ›

🗂 Epub ›

La ficha de iCloud es algo que usted quiere prestar atención si se utiliza otro dispositivo de Apple (como un iPad, un iPod Touch o un ordenador Mac). Su navegación de safari se sincroniza automáticamente; así que si está navegando por una página en su iPad, puede continuar donde lo dejó en su iPhone.

El último botón se ve como una caja encima de una caja principal transparente.

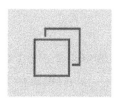

Si usas una computadora o un iPad; entonces probablemente sabe todo sobre las pestañas. Apple decidió no usar pestañas en 'Safari'. Sin embargo, las pestañas están ahí de otra manera, eso es lo que es este botón; te permite tener varias ventanas abiertas al mismo tiempo. Cuando lo presionas, aparece una nueva ventana. Hay una opción para abrir una nueva página. Además, puede alternar e interpolar las páginas que ya ha abierto. Haciendo clic a la 'x' roja también se cerrará una página que ha abierto. Toque hecho para volver a la navegación normal.

Cuando pones el teléfono en horizontal (es decir, lo giras hacia un lado), el navegador también gira y ahora tendrás la opción de usar el modo de pantalla completa. Toque las flechas dobles para activarlo.

Lista de lectura es el ícono central que parece un par de anteojos donde puede ver todas las páginas web, publicaciones de blog o artículos que ha guardado para leer sin conexión. Para guardar una pieza de literatura de Internet en su lista de lectura, toque el ícono Compartir y luego haga clic en Agregar a la Lista de lectura. Las páginas guardadas se pueden eliminar como un mensaje de texto deslizando de derecha a izquierda y tocando el botón rojo Eliminar.

La tercera pestaña de la página de marcadores es donde se pueden ver los enlaces compartidos y suscripciones. Las suscripciones se pueden crear desde cualquier página web que ofrezca canales RSS, y su teléfono descargará automáticamente los últimos artículos y publicaciones. Para suscribirse a fuentes de un sitio, visite el sitio B que, pulse el icono de marcador y seleccione Agregar a Enlaces Compartidos.

De vuelta en la página de inicio principal de Safari, el último botón encontrado en la esquina inferior derecha es Tabs. Al igual que la versión para Mac puede tener varias pestañas de las páginas web abiertas al mismo tiempo, y cambiar e interpolar entre ellas con facilidad. Para cambiar las lengüetas en modo privado en el que no se pueden guardar ni grabar el historial de navegación o las cookies, pulse el botón Tabs y seleccione Privada. Se te pedirá que cierres todas las pestañas existentes o las guardes. Si no quieres perder ninguna pestaña que aún esté abierta, opta por mantenerlas. Las pestañas existentes, además de las pestañas nuevas que abra, ahora estarán protegidas detrás de la navegación privada.

iTunes

La aplicación iTunes que se encuentra en la pantalla de inicio abre la tienda de música digital más grande del mundo. Podrá comprar y descargar no solo música, sino también innumerables películas, programas de TV, audiolibros y más. En la página de inicio de iTunes, también puede encontrar una sección Tendencias, colecciones de música y nuevos lanzamientos.

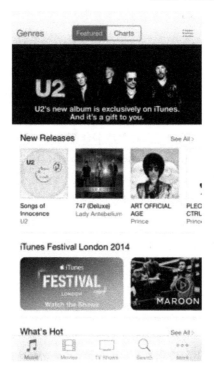

En la parte superior, verá la opción para ver cualquiera de los medios destacados o navegar a través de los cuadros superiores. En la esquina superior izquierda está el botón de géneros. Al hacer clic en Géneros se mostrarán muchos tipos diferentes de música para ayudar a refinar su búsqueda.

Alerta: nueva función: cuando busca letras en iTunes, ahora da resultados.

APPLE MUSIC

Apple Music, es un servicio relativamente nuevo de Apple que proporciona la capacidad de transmitir toda la tienda iTunes y recibir listas de reproducción seleccionadas a partir de expertos en música adaptados a sus preferencias. Cuesta $ 9.99 al mes, pero puede aprovechar la prueba gratuita de tres meses para ver si este servicio es para usted antes de pagarlo. También ofrece descuentos de precios subscripción para planes familiares y estudiantes universitarios.

COMPRAR APLICACIONES

Entonces, ¿cómo comprar, descargar y finalmente eliminar aplicaciones? Lo veré en esta sección.

Para comprar aplicaciones, y en realidad no me refiero a pagarlas porque puedes comprar una aplicación gratuita sin pagarla, sigue lo siguiente:

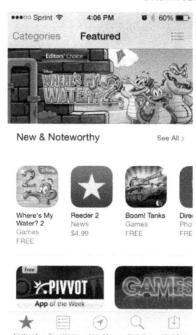

Lo primero que ves cuando abres la tienda de aplicaciones son las aplicaciones de características. ¡Es decir juegos, montones y montones de juegos! Los juegos son la parte que más vende de las categorías en la tienda de aplicaciones, pero no se preocupe, hay más que juegos. Más adelante en este manual, le diré algunas de las aplicaciones esenciales que debe obtener, pero por ahora, veamos cómo funciona la tienda de aplicaciones para que descubra algunas de ellas usted mismo.

En la esquina superior izquierda de la página 'destacados' y los 'gráficos principales' (para llegar a los cuadros superiores, toque el botón en la parte inferior) hay un botón que dice 'Categorías'. Así es como puedes dividir las aplicaciones en categorías que no son juegos.

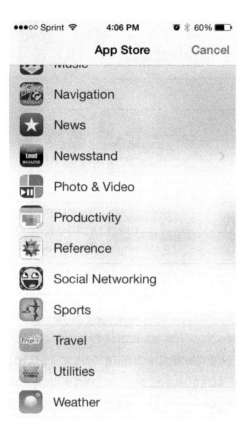

Si escuchas sobre una nueva aplicación y quieres verla, usa la opción 'Buscar'.

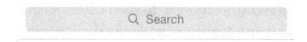

Cuando encuentre una aplicación que desee comprar, simplemente toque el botón de precio y escriba la contraseña de su tienda de aplicaciones. Recuerde que solo porque una aplicación se pueda descargar gratis no significa que no tendrá que pagar algo para usarla. Muchas aplicaciones utilizan 'compras in-app', que significa que usted tiene que comprar algo dentro de la aplicación. Sin embargo, se le notificará antes de comprar cualquier cosa.

Las aplicaciones salen constantemente con actualizaciones con nuevas y mejores características. Las actualizaciones son casi siempre gratuitas, a menos que se indique lo contrario, y son fáciles de instalar. Simplemente haga clic en la última pestaña: 'actualizaciones'. Si tiene alguna aplicación que deba actualizarse, la verá aquí. También verás las novedades en la aplicación. Si ve uno, toque 'actualizar' para comenzar la actualización.

Updates

Purchased >

Updated September 18, 2013

iBooks
Version 3.1.3, 43.1 MB
What's New ▾

Si compraste una aplicación, pero la borraste accidentalmente o cambiaste de opinión acerca de eliminarla, ¡no te preocupes! Puede descargar la aplicación nuevamente en el mismo lugar donde ve las actualizaciones. Simplemente pulse en 'Comprado'.

Cuando toque el botón 'Comprar', verá dos opciones: una es ver todas las aplicaciones que ha comprado y la otra para ver solo las aplicaciones que ha comprado pero que no están en su teléfono. Toque el que dice "No en este iPhone" para volver a descargar cualquier cosa, sin costo alguno. Simplemente toque el botón de la nube a la derecha de la pantalla. Incluso puede descargarlo de nuevo si usted lo compró en otro iPhone, siempre y cuando que es bajo la misma cuenta.

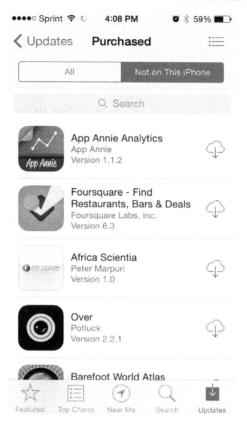

Eliminar aplicaciones es fácil; en la pantalla de inicio, toque y mantenga presionado el ícono de la aplicación que desea eliminar, luego toque la 'x' en la parte superior de la aplicación.

CALENDARIO

Entre las otras aplicaciones preinstaladas que vinieron con tu nuevo iPhone, quizás una de las aplicaciones más usadas que encontrarás es el calendario. Puede alternar entre visualizar citas,

tareas o todo presentadas en vistas de un día, una
semana o un mes . En el iPhone 6 Plus, gire el teléfono de costado y notará que todo cambia al
modo horizontal. Por primera vez para el iPhone,
muchas aplicaciones nuevas ahora aprovechan la
resolución de 1080p del iPhone más grande al
mostrar más información a la vez, similar a la pantalla mini iPad y iPad . Combine su calendario con
cuentas de correo electrónico o iCloud para mantener sus citas y tareas sincronizadas en todos sus
dispositivos, y nunca se pierda otra cita.

CREAR UNA CITA

Para crear una cita, haga clic en el ícono Calendario en su pantalla de inicio. Haga clic en el día para el que desee establecer la cita y luego presione el signo más (+) en la esquina. Aquí podrá nombrar y editar su evento, así como conectarlo a un correo electrónico o cuenta de iCloud para permitir la sincronización.

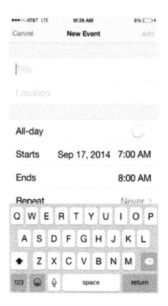

Al editar su evento, preste especial atención a la duración de su evento. Seleccione las horas de inicio y finalización, o elija "Todo el día" si es un evento de todo el día. También tendrá la oportunidad de configurarlo como un evento recurrente haciendo clic en Repetir y seleccionando la frecuencia con la que desea que se repita. En el caso de una factura o pago de automóvil, por ejemplo, puede seleccionar Mensual (en este día) o cada 30 días, que son dos cosas diferentes. Después de seleccionar su repetición, también se puede elegir cuánto tiempo desea para ese evento se repita: por sólo un mes, un año, o nunca, y todo lo demás.

Clima

Usted puede utilizar su de servicios de localización y GPS iPhone para ayudarle a navegar a sus destinos, pero otras aplicaciones pueden utilizarse para mostrar información localizada. La aplicación Clima es un ejemplo de esto. Al abrirlo, se mostrará de inmediato la información meteorológica básica según su ubicación actual. Para obtener información más detallada, se puede deslizar hacia la izquierda y la derecha en la sección media para desplazarse por la previsión por hora, y muévase hacia arriba y hacia abajo en la sección inferior para desplazarse por la previsión de 10 días.

Puede agregar más ciudades haciendo clic en el ícono de la lista en la parte inferior derecha y buscando el nombre de la ciudad. Una vez que haya agregado ciudades, puede desplazarse entre ciudades para ver información del clima en tiempo real para cada ubicación al deslizar hacia la izquierda o hacia la derecha, y el número de ciudades que ha agregado se muestra en la parte inferior en forma de pequeños puntos.

MAPAS

La aplicación Mapa está de vuelta y mejor que nunca.   Después que Apple se separara de Google Mapa hace varios años, Apple decidió desarrollar su propio mapa de navegación y sistema de iPhone hecha para Apple,   El resultado es una hermosa guía de viaje que aprovecha al máximo las nuevas resoluciones de iPhone. El modo de pantalla completa permite que cada rincón del teléfono se llene con la aplicación, y hay un modo nocturno automático al igual que con iBooks. Usted será capaz de buscar lugares, restaurantes, gasolineras, salas de conciertos, y otras locaciones cerca de usted en cualquier momento, y paso a paso para la navegación está disponible para caminar, andar en bicicleta, conducir, o en sus desplazamientos. El tráfico se actualiza en tiempo real, por lo que si se produce un accidente delante de usted o hay construcción pasando, Mapa ofrecer una alternativa más rápida y advertirle del atasco de tráfico potencial.

La navegación paso a paso es fácil de entender sin distraer, y la vista 3D hace que los escenarios potencialmente difíciles (como las salidas de autopistas que surgen abruptamente) sean mucho más agradables.   Otra característica conveniente es la capacidad de evitar carreteras y autopistas de peaje por completo.

Para configurar la navegación, toque en el icono Mapas. En la parte inferior de la pantalla hay una búsqueda de lugar o dirección; para los hogares necesita una dirección, pero negocios sólo necesitan un nombre. Haga clic en él e ingrese su destino una vez que se le solicite.

Cuando encuentre la dirección de su destino, haga clic en Ruta y elija entre las indicaciones para caminar o conducir. Para las empresas, también tiene la opción de leer comentarios y llamar a la compañía directamente.

Para manos libres de navegación, pulse y mantenga pulsado el botón de inicio para activar Siri (que se discute en la siguiente sección) y decir "Vaya a" o "Ir a" seguida de la dirección o el nombre de la locación a la que le gustaría ir.

Si desea evitar autopistas o peajes, simplemente toque el botón más opciones y seleccione la opción que desee.

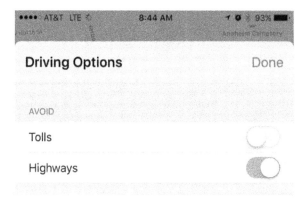

Mapas de Apple también te permite ver una vista 3D de miles de ubicaciones. Para habilitar esta opción, toque la "i" en la esquina superior derecha. Después de esto, seleccione la vista de satélite.

Si la vista 3D está disponible se dará cuenta de un cambio inmediato. Puedes usar dos dedos para hacer tu mapa más o menos plano. También puede seleccionar 2D removerse a 3D por completo.

iBooks

Ahora que el iPhone cuenta con pantallas más grandes (iPhone 6 y superiores), probablemente pueda leer más y más en su teléfono mientras lee menos en su iPad. Si ese es el caso, te encantará la nueva versión de iBooks. Sus libros favoritos se pueden leer en el modo de pantalla completa, y pasar las páginas para disfrutar de vuelta esa sensación de páginas clásica. ¿Tratando de organizar su biblioteca y un seguimiento de los libros que le queda para completar un libro de series ? Ahora iBooks ordena automáticamente los libros de series, manteniendo todo limpio y ordenado para usted.

Las últimas actualizaciones le permiten subir las cotizaciones directamente a su red de blogs o sitio social favorito, y si ve una palabra que no están familiarizados con, simplemente presione y mantenga hasta que la palabra en cuestión se destaque, a continuación, seleccione Diccionario. Adicionalmente, tiempo de lectura de noche se ha vuelto más fácil con el tema de noche. Atenúe o apague las luces mientras lee y los iBooks cambiarán automáticamente al modo nocturno para facilitar la visualización. Vuelva a encender las luces y el tema volverá al modo de lectura normal.

SALUD

El lanzamiento de los últimos modelos de iPhone trajo consigo un mayor enfoque en la salud de uno y, como tal, los nuevos iPhones vienen con la aplicación Salud. La aplicación de Salud mantiene un registro de muchas cosas diferentes que pertenecen a su salud, incluyendo las calorías quemadas, su peso, ritmo cardíaco, mediciones de tu cuerpo, e incluso una tarjeta de emergencia que le permite almacenar información importante de salud, tales como el tipo de sangre y alergias en el caso de cirugía. Hay cuatro pestañas diferentes en la parte inferior de la aplicación:

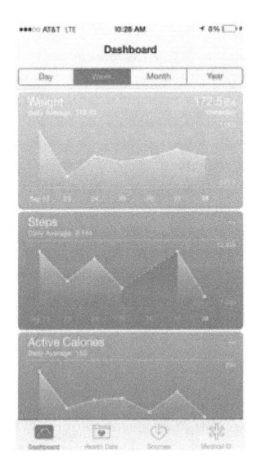

TABLERO

Aquí podrá ver una vista general de sus signos vitales, incluidas las calorías quemadas, el peso y la frecuencia cardíaca. Podrá elegir entre el valor de la información de un día, una semana, un mes e incluso un año si desea ver cómo su salud actual se compara con la del año pasado.

Datos de salud

Esta página es el centro principal donde puede encontrar y almacenar toda su información. Se divide en unas pocas categorías generales como e medidas de tu cuerpo, fitness, nutrición, sueño y signos vitales, pero puede incluir los detalles más pequeños como su nivel de azúcar en la sangre, los niveles de glucosa, los patrones de sueño, los medicamentos actuales, y más.

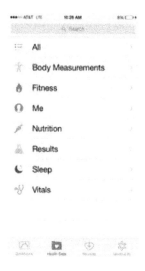

FUENTES

Las fuentes no estaban disponibles en el lanzamiento, pero finalmente ha lanzado con gran éxito. Esta sección es donde se puede controlar quién o qué puede acceder a su información de salud, así como quién puede enviar e n la formación respecto a su salud.

Se supone que debe conectarse a aplicaciones de terceros o doctores con el fin de enviarles información precisa acerca de usted, y un panorama general de cómo sus días son incluso cuando no esté visitando el médico. Esto podría ser especialmente beneficioso para usted si usted tiene una condición de salud que requiere monitoreo frecuente, como la diabetes.

Identificación médica

Aquí está la tarjeta de emergencia virtual que mencionamos anteriormente. Este es el lugar para almacenar toda la información importante sobre usted en caso de que un trabajador médico la necesite en caso de una emergencia. Introduzca en su tipo de sangre, alergias (médicos o de otro tipo), las condiciones de salud crónicas, enfermedades, medicamentos, contactos de emergencia, y cualquier otra cosa que se pueda imaginar así que quien lo está tratando puede acceder a información relevante sin perder tiempo.

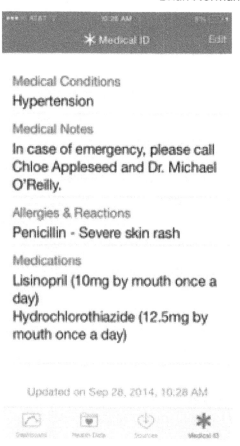

ENCUENTRA A MIS AMIGOS

Encuentra a mis amigos es una aplicación de búsqueda de personas sociales que también se puede ejecutar como un widget en su centro de notificaciones. La aplicación muestra un mapa que muestra exactamente dónde están tus amigos y qué tan lejos están de ti. Tendrá que agregar amigos usando la función Agregar en la esquina superior derecha, y sus amigos tendrán que aprobar el servicio. Incluso puedes configurar notificaciones que te alerten cuando un amigo se va o llega a una ubicación específica tocando el ícono de un amigo en la aplicación y luego tocando Notificarme.

Encontrar iPhone

Encontrar iPhone es una aplicación útil que le permite ver la ubicación de todos sus dispositivos Apple en un mapa. Se puede jugar de forma remota los sonidos en los dispositivos (para ayudarle a encontrar bajo un montón de ropa, por Ejemplo), enviar mensajes a ellos, y borrar de forma remota en caso de robo. Por supuesto, la aplicación que está instalado en su iPhone no le ayudará a encontrar su iPhone, pero si el teléfono se pierde y no tienen ningún otro dispositivo de Apple, acaba de iniciar sesión en icloud.com para ver donde su dispositivo ha estado.

Casa

Es posible que hayamos guardado la mejor aplicación para el final con la aplicación más nueva para lanzar en iOS 12 - Inicio. La aplicación Casa integra HomeKit con iOS para ayudarlo a integrar mejor todos los electrodomésticos y servicios públicos, como luces, termostatos, refrigeradores y más. HomeKit utiliza Siri para controlar todos los dispositivos inteligentes para el hogar, que es una herramienta bastante útil, y la interfaz principal permite una experiencia mucho más limpia y sencilla. Para agregar su dispositivo inteligente para el hogar a su hogar, simplemente párese junto a él con su encendido y su aplicación para el hogar habilitada. También puede utilizar su cuarta generación de Apple TV para controlar HomeKit , habilitado para dispositivos inteligentes para el hogar. HomePod es otra cosa que se encuentra aquí.

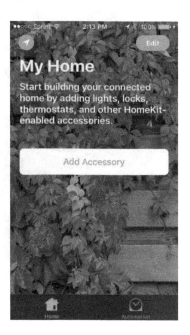

ARKIT

iPhone es todo acerca de la realidad aumentada; Ellos ven esto como el futuro. Muchas aplicaciones nuevas tienen soporte AR

Alerta: nueva característica: Arkit para iOS 12 ha introducido una nueva herramienta de mediciones.

Para utilizar la nueva herramienta de medidas, abra la aplicación Medir. Apunta la cámara a una opción rectángulo, y vera una caja automática formar sobre ella.

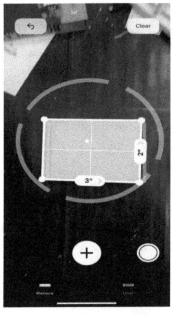

La aplicación te dirá cuánto tiempo dura algo y también te permitirá agregar puntos, para que puedas medirlo también.

[5]

HAZ LO TUYO

Este capítulo cubrirá:
- Tiempo de pantalla
- Modo No molestar
- Notificaciones y Widgets
- Configuración general
- Los sonidos
- Personalización de brillo y fondo de pantalla
- Agregando cuentas de Facebook, Twitter y Flickr
- Compartir en familia
- Continuidad y Transferencia

¡Ahora que conoce su camino, es hora de profundizar en la configuración y hacer que este teléfono sea completamente personalizado para usted!

Para la mayor parte de este capítulo, voy a estar pasando el rato en el área Configuración, por lo que si no está ya allí, toque Configuración desde su pantalla de inicio.

Tiempo de pantalla

Alerta: nuevas funciones: *Tiempo de pantalla le permite ver cuánto tiempo pasa en su teléfono y hacer qué. Es posible que se sorprenda: ¡diablos, es posible que ni siquiera quiera conocer esta función! También puede usarlo para controlar la cantidad de tiempo que los niños pasan en sus dispositivos.*

Para usar Tiempo de pantalla, dirígete a Configuración> Tiempo de pantalla

Según la imagen de arriba, he estado en mi teléfono 41 minutos; eso no está tan mal... ¡pero solo he tenido mi teléfono encendido por 42!

Puede hacer clic en cualquier aplicación para ver cuánto tiempo ha pasado en ella, e incluso cuál es su promedio. Desde aquí también puede agregar límites.

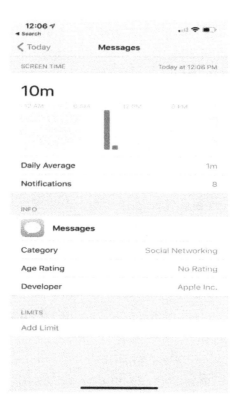

MODO NO MOLESTAR

El modo No molestar es una característica útil ubicada cerca de la parte superior de la aplicación Configuración. Cuando se activa este modo de funcionamiento, no recibirá ninguna notificación y todas las llamadas serán silenciados. Este es un truco útil para esos momentos en los que no puede distraerse (y seamos sinceros, su iPhone es tan comunicativo como es posible y, a veces, tendrá que tener algo de paz y tranquilidad). Las alarmas del reloj seguirán sonando.

Para activar, programar y personalizar No Molestar , simplemente toque No molestar en Configuración. Puede programar horarios automáticos para activar esta función, como sus horas de trabajo, por ejemplo. También puede especificar a ciertas personas que llaman que deberían estar permitidas cuando su teléfono está configurado en No molestar. De esta manera, tu madre aún puede comunicarse, pero no tendrás que escuchar todos los correos electrónicos entrantes. Para hacer esto, use el comando Permitir llamada desde en la configuración No molestar.

También se puede acceder a No molestar a través del Centro de control (deslice hacia arriba desde la parte inferior de la pantalla para acceder a él en cualquier momento).

Notificaciones y Widgets

Las notificaciones son una de las funciones más útiles del iPhone, pero es probable que no necesite que se le informe de cada evento que se establezca como predeterminado en su Centro de notificaciones. Para ajustar las preferencias de notificaciones, vaya a Configuración> Notificaciones.

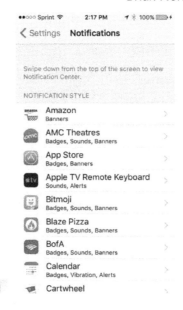

Al tocar la aplicación, puede activar o desactivar las Notificaciones y ajustar el tipo de notificación de cada aplicación. Es una buena idea para reducir gradualmente la lista a las aplicaciones que realmente desea ser notificado –por ejemplo, ¡si no eres un inversor, apague los stocks! Reduciendo el número de sonidos de sus marcas iPhone también pueden reducir agotamiento en teléfonos-afines. Por ejemplo, en Mail, es posible que desee que su teléfono emita un sonido cuando reciba un correo electrónico de alguien en su lista VIP, pero que solo muestre credenciales para otros correos electrónicos menos importantes.

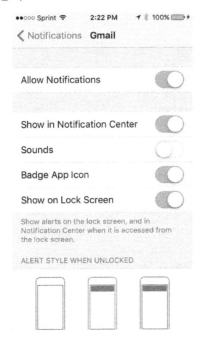

CONFIGURACIÓN GENERAL

El elemento del menú General es un poco general. Aquí es donde encontrará información sobre su iPhone, incluyendo su versión actual de iOS y cualquier actualización disponible .Afortunadamente, iOS 12 marca el comienzo de una era de actualizaciones más pequeñas y eficientes, por lo que no tendrá que luchar para eliminar aplicaciones con el fin de hacer espacio para las últimas mejoras. También puede consultar su teléfono y el almacenamiento de iCloud aquí.

Las opciones de accesibilidad se encuentran aquí también. Puede configurar su iPhone de acuerdo a sus necesidades con zoom, doblaje, texto de gran tamaño, el color de un Ajuste de lo d, y mucho más. Hay bastantes opciones de accesibilidad que pueden hacer que el IOS 12 fáciles para siempre y que se debe usar, incluyendo escala de grises Ver y mejores opciones de zoom.

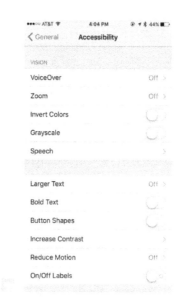

Una opción de Accesibilidad que esta un poco encubierta es el ajuste de Asistencia táctil. Esto le brinda un menú que le ayuda a acceder a las funciones de nivel de dispositivo. Lo que le lleva a un menú flotante diseñado para ayudar a los usuarios que tienen dificultades con gestos de la pantalla como deslizar o con la manipulación de los botones físicos del iPhone. Otra característica para aquellos con necesidades visuales es la lupa. Activar esta opción permite a su cámara aumentar las cosas y, también puede hacer clic en el botón de inicio y aumentar cualquier cosa que usted está mirando.

Recomendamos tomarse un tiempo y ver todo en el área General, ¡para que sepa dónde está todo!

LOS SONIDOS

¿Odias esa vibración cuando suena tu teléfono? ¿Quieres cambiar tu tono de llamada? Ve al menú de configuraciones. Aquí puede activar o desactivar la vibración y asignar tonos de timbre a varias funciones del iPhone. Sugerimos que la búsqueda de un espacio aislado antes de empezar a probar todas las diferentes configuraciones de sonido - es divertido, pero, posiblemente, una gran molestia para los malsuertudos que no están jugando con su propio nuevo iPhone!

Consejo: Puede aplicar tonos individuales y alertas de mensajes a sus contactos. Simplemente vaya a la pantalla de contacto de la persona en Contactos, toque Editar y luego toque Asignar tono.

PERSONALIZACIÓN DE BRILLO Y FONDO DE PANTALLA

En el iPhone, fondos de escritorio se refiere a la imagen de fondo en la pantalla principal y para la imagen que aparece cuando el iPhone está bloqueado (pantalla de bloqueo).Puedes cambiar cualquiera de las dos imágenes usando dos métodos.

Para el primer método, visite Configuración> Fondos de pantalla. Verás una vista previa de tu fondo de pantalla actual y la pantalla de bloqueo aquí. Presiona Elegir un nuevo fondo de pantalla. Desde allí, puede elegir una imagen dinámica (en movimiento) o una imagen fija precargada, o elegir una de sus propias fotos. Una vez que haya elegido una imagen, verá una vista previa de la imagen como una pantalla de bloqueo. A continuación, puede desactivar la perspectiva de zoom, lo que hace que la imagen parezca cambiar como este la inclinación de su teléfono) si lo desea. Toque Establecer para continuar. Luego, elija si desea establecer la imagen como la pantalla de bloqueo, la pantalla de inicio o ambas.

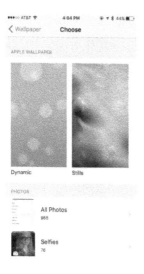

La otra forma de hacer el cambio es a través de su aplicación Fotos. Encuentre la foto que desea establecer como imagen de fondo de pantalla y toque el botón Compartir. Se le dará la opción de establecer una imagen como fondo, una pantalla de bloqueo o ambas.

Si quieres usar imágenes de la web, es bastante fácil. Simplemente mantenga presionada la imagen hasta que aparezca el mensaje Guardar imagen / Copiar / Cancelar. Al guardar la imagen, se guardará en tus fotos agregadas recientemente en la aplicación Fotos.

PRIVACIDAD

El encabezado de Privacidad en Configuración le permite saber qué aplicaciones están haciendo con sus datos. Cada aplicación que ha permitido el uso de servicios de localización se mostrará en los servicios de localización (y puede alternar los Servicios de locaciones de vez en cuando para aplicaciones individuales o para todo su dispositivo aquí también). También puede revisar sus aplicaciones para verificar qué información está recibiendo y transmitiendo cada una.

CORREO, CONTACTOS, CALENDARIOS AJUSTES

Si necesita agregar correo, contactos o cuentas de calendario adicionales, toque Configuración> Correo, Contactos y Calendarios para hacerlo. Es más o menos el mismo proceso como añadir una nueva cuenta en la aplicación. También puede ajustar otros parámetros aquí, incluyendo su firma de correo electrónico por cada cuenta vinculada. Este también es un buen lugar para verificar qué aspectos de cada cuenta están vinculados; por ejemplo, puede vincular sus Tareas, Calendarios y Correo de Exchange, pero no sus Contactos. Puedes gestionar todo esto aquí.

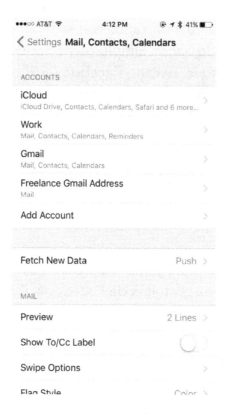

Aquí hay una serie de otras configuraciones útiles, incluida la frecuencia con la que desea que sus cuentas verifiquen el correo (Push, el valor predeterminado, que es el más difícil para la duración de la batería). También puede activar funciones como Preguntar antes de eliminar y ajustar el día de la semana en que desea que comience su calendario.

AÑADIENDO FACEBOOK Y TWITTER

Si usa Twitter, Facebook o Flickr, probablemente querrá integrarlos con su iPhone. Esto es muy fácil de hacer. Simplemente toque Configuración y busque Twitter, Facebook y Flickr en el menú principal (también puede integrar las cuentas de Vimeo y Weibo si las tiene). Toque en la plataforma que desea integrar. A partir de ahí, ingresará su nombre de usuario y contraseña. Hacer esto le permitirá compartir páginas web, fotos, notas, páginas de la Tienda de Apps, música y más directamente desde las aplicaciones nativas de su iPhone.

iPhone le preguntará si desea descargar las aplicaciones gratuitas de Facebook, Twitter y Flickr cuando configure sus cuentas, si aún no lo ha hecho. Recomendamos hacer esto: las aplicaciones son fáciles de usar, gratuitas y se ven geniales.

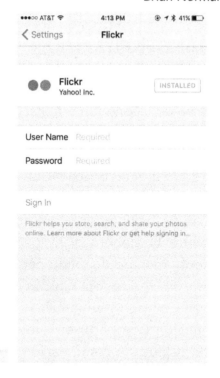

Hemos encontrado que cuando asociamos nuestras cuentas de libros electrónicos a Facebook, nuestra lista de contactos quedará extremadamente poblada. Si no desea incluir a sus amigos de Facebook en su lista de contactos, ajuste la lista de un aplicaciones que pueden acceder a sus contactos en Configuración> Facebook.

COMPARTIR EN FAMILIA

Compartir en familia es uno de nuestras características favoritas de IOS 12 .Compartiendo la familia le permite compartir las compras de iTunes

App Store y con miembros de la familia (anteriormente, llevar a cabo esto requería un complicado y
no del todo-en-cumplimiento-con-los términos -de
–servicio baile). Activar Compartir en familia
también crea un calendario familiar compartido, un
álbum de fotos y una lista de recordatorios. Los
miembros de la familia también pueden ver la ubicación de cada uno en la aplicación gratuita Buscar
mis amigos de Apple y verificar la ubicación de los
dispositivos de los demás en la aplicación gratuita
Buscar iPhone. En general, ¡Compartir en familia es
una excelente manera de mantener a todos en-
tretenidos y sincronizados! Puedes incluir hasta seis
personas en Compartir en familia.

Para habilitar Compartir en familia, vaya a Con-
figuración> iCloud . A continuación, pulse Configuración del uso compartido de la familia para
comenzar. La persona que inicia Compartir en familia para una familia se conoce como el organizador familiar. Es una función importante, ya que
cada compra realizada por miembros de la familia
se realizará mediante tarjeta de crédito del organizador de la familia! Una vez que configures a tu familia, también podrán descargar tus compras
anteriores, incluyendo música, películas, libros y
aplicaciones.

Invite a los miembros de su familia a unirse a
Compartir en familia ingresando sus ID de Apple. Como padre, usted puede crear ID de Apple
para sus hijos con los el consentimiento de padres.

Cuando creas una nueva ID de Apple secundaria, se agrega automáticamente a Compartir en familia. Hay dos tipos de cuentas en Compartir en familia- adultos y niños. Como era de esperar, las cuentas infantiles tienen más restricciones potenciales que las cuentas para adultos. De especial interés es la opción Pregunta para comprar. Esto evita que los miembros más jóvenes de la familia realicen la factura de la tarjeta de crédito del organizador familiar al requerir la autorización de los padres para realizar compras. El organizador de familia o también puede designar otros adultos en la familia como capaz de autorizar compras en los dispositivos de los niños.

Si desea bloquear más profundo en los dispositivos IOS de sus hijos, asegúrese de echar un vistazo a 5,2 para Información sobre la configuración de restricciones adicionales.

CONTINUIDAD Y TRANSFERENCIA

iOS 12 incluye algunas funciones increíbles para aquellos de nosotros que trabajamos en múltiples dispositivos iOS 12 y Sierra y Yosemite OSX. Ahora, cuando ordenador este ejecutando Yosemite o superior o su iOS 12 iPad está conectado a la misma red Wi-Fi que la IOS 12 iPhone, puede contestar llamadas o enviar mensajes de texto (ambos mensajes de iMensaje y SMS normal me s sabios) desde tu iPad o computadora.

La función de transferencia está presente en aplicaciones como Números, Safari, Mail y muchas más. La transferencia le permite dejar una aplicación en un dispositivo a mitad de la acción y retomarla justo donde la dejó en un dispositivo diferente. Se hace la vida mucho más fácil para los que vivimos un estilo de vida mu lti-gadget.

[6]

LUCES, CAMARA, ACCION

Este capítulo cubrirá:
* Tomando fotos y videos
* Editando fotos
* Compartir fotos y videos.

TOMANDO FOTOS Y VIDEOS

Ahora que sabes cómo hacer una llamada telefónica, ¡volvamos a lo divertido! Voy a mirar a usar la aplicación de fotos a continuación.

La aplicación de la cámara se encuentra en la pantalla de inicio, pero también puede acceder a ella desde la pantalla de "bloqueo" para un acceso rápido y fácil.

La aplicación de la cámara es bastante simple de usar. Primero, debes saber que la aplicación de la cámara tiene dos cámaras; Uno en la parte delantera y otro en la parte trasera.

La cámara frontal tiene una resolución más baja y se utiliza principalmente para autorretratos; Todavía toma excelentes fotos, pero recuerda que la cámara trasera es mejor. Para acceder a él, toque el botón en la esquina superior derecha (el que tiene la cámara y dos flechas). La barra en la parte inferior tiene todos sus modos de cámara. Así es como puedes cambiar del modo foto al modo video.

En la esquina superior izquierda de la pantalla verá un botón de iluminación. Ese es tu flash. Toque este botón y podrá alternar entre diferentes modos de flash.

Si quieres tomar fotografías de alta defini-
ción; (Nota: todo el video ya es HD), entonces
querrá activar 'HDR'.

Los últimos tres botones no usarás tanto. El primero, el círculo, es para fotos en vivo; Fotos en
vivo toma un breve vídeo mientras se toma la
foto; Es tan rápido que ni siquiera sabrás que lo
hizo; está en Automáticamente, por lo que toque
una vez para apagarlo; Si mantiene pulsada una
foto con la foto en vivo activada, verá el
video. Junto a eso hay un temporizador que, como
es de esperar, retrasa la toma para poder tomar
una foto de grupo. Y finalmente el último botón te
permite agregar diferentes colores a la foto.

Uno de los modos de foto se llama " Pano " o
Panorama. Panorama es la capacidad de tomar una
foto extra larga que tiene más de 20 megapíxeles
de tamaño. Para usarlo pulse el botón 'Panorama'. Ahora aparecerán las instrucciones en pantalla. Simplemente presione el botón 'Disparar' en
la parte inferior de la pantalla y gire la cámara lo
más recto posible mientras sigue la línea. Cuando
llegue al final, la foto entrará automáticamente en
tu álbum.

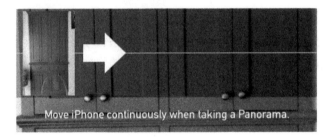

Move iPhone continuously when taking a Panorama.

El modo que probablemente hayas visto más es el modo retrato. Modo Retrato da a sus fotos borrosas que el efecto que se ve en cámaras DSLR de gama alta.

Si un usuario es un amante a los selfies o un adicto a foto retrato de la foto, se trata de dos funciones todos los usuarios apreciaran.

1. Para acceder y usar el modo retrato y el modo de luz retrato en X u 8+:
2. Abre la aplicación de la cámara.
3. Desliza el dedo hacia la izquierda o hacia la derecha para cambiar a la configuración de Retrato.
4. Alinear el tiro dentro de 2-8 pies del sujeto, La cámara detectará la cara y el cuerpo automáticamente del sujeto y proporcionara instrucción al moverse más o acercarse al sujeto.
5. Preste atención a las indicaciones de la aplicación de la cámara: se necesita más luz, el flash puede ayudar, coloque el sujeto a 8 pies o aléjese.

6. Cuando el tiro está listo un banner aparecerá en la parte inferior.
7. Deslice o toque los iconos del cubo sobre el botón del obturador para cambiar los efectos de iluminación.
8. Pulse el botón del obturador para tomar la foto.

Nota: los usuarios aún pueden disparar con el teleobjetivo en el modo Retrato, incluso si las pancartas no se vuelven amarillas, solo significa una menor profundidad o efecto de iluminación.

Hay varios modos de retrato diferentes (iluminación de estudio, por ejemplo), pero se puede cambiar de modo de una ter f se toma la foto; así que si lo tomas con Studio Lighting, pero decides que otro modo se verá mejor, entonces puedes cambiarlo.

Alerta: Nueva función: los nuevos iPhones ahora pueden ajustar la profundidad del desenfoque después de tomar la foto. Para hacer esto, simplemente seleccione Editar después de tomar la foto. Esto solo funciona para fotos tomadas con el modo de retrato.

EDICIÓN DE FOTOS

Editar tus fotos es tan fácil como tomarlas. Tan simples como son las herramientas de edición, también son bastante poderosas. Sin embargo, si quieres más poder, siempre puedes descargar una de las cientos de aplicaciones de edición de fotos en la tienda de aplicaciones.

Para editar una foto, toque el ícono 'Foto' en su pantalla de 'Inicio'.

Cuando inicies 'Fotos', verás una pestaña con tres botones; En este momento, hablaré sobre el botón 'Fotos', pero hablaremos sobre 'Photo Stream' en el siguiente capítulo. ¡Toca álbumes y vamos a editar!

A continuación, toque la foto que desea editar y luego toque 'editar' en la esquina superior derecha. Esto abrirá el menú de edición. En la parte inferior de la pantalla, verá todas las opciones: deshacer, corrección automática (que corrige el color de la foto), cambio de color, remover ojo rojo, y finalmente cortado.

La única característica agregada es la del medio, que le permite cambiar la saturación de color.

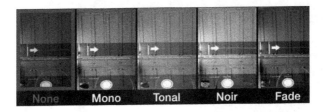

Cuando esté satisfecho con los cambios, toque guardar en la esquina superior derecha.

Recuerde que cada vez que desee acceder a la pantalla previa simplemente pulse el botón Atrás en la esquina superior izquierda.

EDICIÓN DE FOTOS EN VIVO

Apple presentó Fotos en vivo en 2015, cuando salió el iPhone 6s. Esta función mejora la fotografía del teléfono inteligente, utilizando imágenes que se mueven cuando realiza un toque3D en ellas. iOS 12 hace que Fotos en Vivo sea mejor que nunca. ¿Quieres saber cómo tomar una foto en vivo? Echemos un vistazo.

Fotos en Vivo registra lo que sucede 1.5 segundos antes y después de tomar la foto. Eso significa que no solo te estás haciendo una foto, también estás recibiendo movimiento y sonido..

Abre la aplicación de la cámara

Configure su cámara en modo foto y active Fotos en vivo

Mantén el teléfono muy quieto

Toque .

Con su iPhone y hasta 8, Fotos en vivo es naturalmente de forma predeterminada.

Si desea tomar una imagen fija, toque . y podrás desactivar Fotos en Vivo. Si quieres que Fotos en Vivo siempre esté apagado, ve a Ajustes> Cámara> Conservar ajustes.

ÁLBUMES DE FOTOS Y COMPARTIR FOTOS

Ahora que tomamos y editamos tu foto, veamos cómo compartir fotos.

Hay varias formas de compartir fotos. Cuando abres una foto, verás una barra de opciones en la

parte inferior. La versión anterior tenía más opciones, estas opciones ahora se han movido a un lugar central, que verá a continuación.

El primer botón le permite compartir la foto so-
cialmente y en dispositivos multimedia .

La fila superior es más de las opciones sociales; La fila inferior es más de las opciones de medios. AirPlay , por ejemplo, te permite enviar las
fotos de forma inalámbrica si tienes un Apple TV.

Finalmente, el último botón le permite borrar la
foto, no se preocupe acerca de cómo eliminar accidentalmente una foto, se le pedirá que confirme si
desea borrar la foto antes de eliminarlo.

A continuación, vamos a la pestaña central. 'Photo Stream' es algo así como 'Flickr'; te
permite compartir tus fotos con tu familia y amigos

fácilmente. Para obtener 'Photo Stream', toque el botón 'Compartido en la parte inferior de la aplicación de fotos.

En la esquina superior izquierda hay un signo '+'; tócalo.

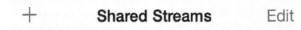

Esto abre un menú que le permite crear un directorio compartido. Desde allí puede elegir el nombre, quién lo ve y si se trata de un flujo de fotos público o privado. Para elegir una persona en sus contactos, toque el signo azul "+".

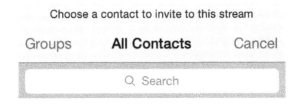

Una vez que se crea el álbum, toque el signo más y toque cada foto que desee agregar, luego presione listo.

Una vez que su familia o amigo acepte su invitación de "Transmisión", automáticamente comenzará a sincronizar sus fotos. Cada vez que agregues una foto a tu álbum, recibirán una notificación.

El nuevo iOS ahora también agrupará tus fotos como recuerdos; Para ello, observa dónde se tomó la foto y cuándo se tomó. Así que usted comenzará notar agrupaciones como "Memorias de Navidad."

¡Ahora que conoce su camino, es hora de profundizar en la configuración y hacer que este teléfono sea completamente personalizado para usted!

Para la mayor parte de este capítulo, voy a estar pasando el rato en el área Configuración, por lo que si no está ya allí, toque Configuración desde su pantalla de inicio.

[7]

ANIMOJI

Este capítulo cubrirá:
- Este capítulo cubre:
- Que es animoji
- Cómo utilizar Animoji

CÓMO AGREGAR TU PROPIO ANIMOJI

Voy a ser honesto, creo que Animoji - ¡incluso espeluznante! ¿Qué es? Casi tienes que probarlo para que compren-dan. En pocas palabras, Animoji te convierte en un emoji ¿Quieres enviar a alguien un emoji de un mono? Eso es gracioso. ¿Pero sabes que otra cosa es divertida? ¡Haciendo que ese mono tenga la misma expresión que tú!

Cuando usas Animoji, pones la cámara delante de ti. Si sacas la lengua, el emoji sacara su lengua. Si guiñas, el emoji guiña. Así que es una forma de enviar un emoji a una persona con exactamente cómo te sientes.

Para usarlo, abre tu aplicación iMensaje. Comience un texto como lo haría normalmente. Toca el botón de App y luego el botón Animoji. Elige un Animoji y toca para ver a pantalla completa. Mira directamente a la cámara y coloca tu cara frente a la cámara. Presiona el botón Grabar y habla por hasta 10 segundos. Pulse en el botón prevista para mirar el Animoji. Toque el botón de flecha hacia arriba para enviar o la papelera para eliminar.

También puedes crear un emoji que se parezca a ti. Haz clic en el signo más grande junto a los otros animojis.

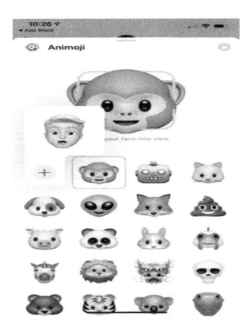

Esto lo guiará a través de todos los pasos para
enviar su propio animoji personalizado, desde
el color del cabello hasta el tipo de nariz.

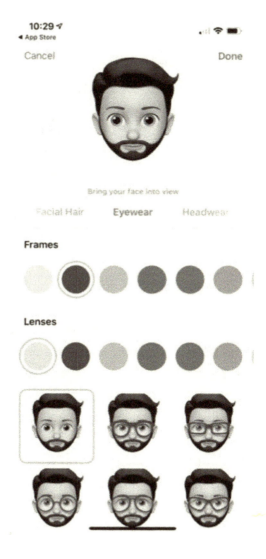

Cuando hayas terminado, estás listo para enviar.

I'm going to be honest, I think Animoji--even creepy! What is it? You almost have to try it to understand it. In a nutshell, Animoji turns you into an emoji. Want to send someone an emoji of a monkey? That's fun. But you know else is fun? Making that monkey have the same expression as you!

When you use Animoji, you put the camera in front of you. If you put out your tongue, the emoji sticks out it's tongue. If you wink, the emoji winks. So it's a way to send a person an emoji with exactly how you are feeling.

[8]

HOLA SIRI

Este capítulo cubrirá:
- Siri

A estas alturas, probablemente ya sepa todo sobre Siri y cómo puede recordarle las cosas. De lo contrario, mantenga presionado el botón de la parte inferior, cuadrada, del iPhone para activarlo.

Entonces, ¿qué es exactamente lo que haces con él? Lo primero que debes hacer es presentar a Siri a tu familia. Siri es muy inteligente y quiere conocer a tu familia. Para presentarla a su familia, active Siri presionando y manteniendo presionado el botón 'Inicio' y diga: "Brian es mi hermano" o "Susan es mi jefe". Una vez que confirme la relación, ahora puede decir cosas como: "Llame a mi hermano "o" correo electrónico a mi jefe".

Siri también se basa en la ubicación. ¿Qué significa eso? Significa que en lugar de decir: "Recuérdame llamar a mi esposa a las 8 am", puedes decir: "Recuérdame cuando salga del trabajo para llamar a mi esposa" y tan pronto como salgas de la oficina, recibirás un recordatorio. Siri puede ser un poco frustrante al principio, pero es una de las aplicaciones más poderosas del teléfono, ¡así que dale una oportunidad!

Todo el mundo odia tratar con las esperas. No hay nada peor que tener hambre y tener que esperar una hora para una mesa. Siri hace todo lo posible para hacer su vida más fácil al hacer reservaciones para usted. Para que esto funcione, necesitará una aplicación gratuita llamada 'Intervalo' (también necesitará una cuenta gratuita), que se encuentra en la 'Apple App Store'. Esta aplicación hace su dinero en restaurants pagándole, así que no te preocupes por tener que pagar para usarla. Una vez que esté instalado, simplemente activará Siri (presione el botón Inicio hasta que se encienda) y dirá: "Siri , hágame una reserva en el Olive Garden", (o donde quiera comer). Tenga en cuenta que no todos los restaurantes participan en ' Mesa abierta ', pero cientos (si no miles) lo hacen, y está creciendo mensualmente, por lo que si no está allí, probablemente lo estará pronto.

Siri siempre está evolucionando. Y con la última actualización, Apple le ha enseñado todo lo que necesita saber sobre deportes. ¡Adelante, pruébalo! Pulse y mantenga pulsado el botón 'Inicio' para activar Siri, y luego decir algo como: "¿Cuál es la puntuación en el juego de reyes", o: "¿Quién lidera la liga en cuadrangulares?"

Siri también se ha vuelto un poco más inteligente en las películas. Puede decir: "Películas dirigidas por Peter Jackson" y le dará una lista y le permitirá ver una sinopsis, la calificación de revisión de 'Rotten Tomatoes" y, en algunos casos, incluso un tráiler o una opción para comprar la película. También puede decir: "Horarios de películas" y aparecerá un poco de películas cercanas en reproducción. En este momento, no puede comprar entradas para la película, aunque se puede imaginar que la opción llegará pronto.

Finalmente, Siri, puede abrir aplicaciones para ti. Si desea abrir una aplicación, simplemente diga: "Abrir y el nombre de la aplicación".

El nuevo iOS te permite agregar accesos directos a Siri; Puedes ver esto en Configuración> Siri y Buscar> Atajos.

[9]

MANTENER Y PROTEGER

Este capítulo cubrirá:
* Este capítulo cubre:
* Que es animoji
* Cómo utilizar Animoji

SEGURIDAD

Código de acceso (que hacer y no hacer, consejos, etc.)

En esta época, es importante mantener su dispositivo seguro. Puede o no desear configurar una identificación táctil (leerá más sobre esto a continuación), pero al menos es una buena idea mantener un código de acceso. Cada vez que su teléfono está desbloqueado, se reinicia, actualiza o borra, se requerirá una contraseña antes de permitir la entrada en el teléfono. Para configurar un código de acceso para su iPhone, vaya a

Configuración> Código de acceso y haga clic en Activar código de acceso. Se le solicitará que ingrese un código de acceso de 4 dígitos, luego vuelva a ingresar para confirmar. Aquí hay algunos consejos a seguir para la máxima seguridad:

Hacer
Cree un código de acceso único que solo usted sabría
Cambia cada tanto para mantenerlo desconocido.
Seleccione un código de acceso que pueda modificarse fácilmente más adelante cuando sea el momento de cambiar los códigos de acceso

No hacer
NO use un código de acceso simple como 1234 o 5678
NO uses tu cumpleaños o año de nacimiento
NO use un código de acceso que otra persona pueda tener (por ejemplo, un pin compartido de la tarjeta de débito)
NO se vaya por el medio (2580) o por los lados (1470 o 3690)
Cifrado
Con toda la información personal y sensible que se puede almacenar en iCloud, la seguridad es comprensiblemente una preocupación muy real. Apple está de acuerdo con esto y protege sus datos con un alto nivel de cifrado AES de 128

bits. Keychain, que aprenderá a continuación, utiliza el cifrado AES de 256 bits, el mismo nivel de cifrado que utilizan todos los principales bancos que necesitan altos niveles de seguridad para sus datos. Según Apple, las únicas cosas que no están protegidos con encriptación a través de iCloud es electrónico (debido clientes de correo electrónico ya proporcionan su propia seguridad) e iTunes en la nube, ya que la música no contiene ninguna información personal.

KEYCHAIN

¿Ha iniciado sesión en un sitio web por primera vez en mucho tiempo y olvidó qué tipo de contraseña usó? Esto le sucede a todos; algunos sitios web requieren caracteres especiales o frases, mientras que otros requieren contraseñas pequeñas de 8 caracteres. iCloud viene con una característica altamente encriptado llamada Keychain que le permite almacenar contraseñas e información de inicio de sesión en un solo lugar. Cualquiera de los dispositivos de Apple sincronizados con la misma cuenta de iCloud será capaz de cargar los datos de Keychain sin pasos adicionales.

Para activar y comenzar a usar el Keychain, simplemente haga clic en Configuración> iCloud y active el Keychain, luego siga las indicaciones. Después de agregar cuentas y contraseñas de Keychain, el navegador Safari de una u ticamente rellenar los campos mientras permanece conectado a iCloud. Si está listo para realizar el pago después de hacer algunas compras en línea, por ejemplo, la información de la tarjeta de crédito se completará automáticamente para que no tenga que ingresar ninguna información confidencial.

ICLOUD

Para obtener realmente el efecto completo del ecosistema cuidadosamente creado de Apple y ser parte de él, deberá crear una cuenta de iCloud . En pocas palabras, icloud es un sistema de nubes de gran alcance que va a la perfección coordinada con todos los dispositivos importantes. La nube puede ser un poco difícil de entender, pero la mejor manera de pensar en ello es como una unidad de almacenamiento que vive en el marco de la curación e internet. Se le asigna una cierta cantidad de espacio y puede poner las cosas que más le importan aquí para mantenerse a salvo. En el caso de iCloud, Apple te da 5 GB gratis.

Su teléfono le permite realizar copias de seguridad de archivos de forma automática como sus fotos, correo, contactos, calendarios, recordatorios y notas. En caso de que su teléfono sufra daños irreparables o se pierda o sea robado, sus datos aún se almacenarán de forma segura en iCloud. Para recuperar su información, puede iniciar sesión en icloud.com en una Mac o PC, o iniciar sesión en su cuenta de iCloud en otro iPhone para cargar la información en ese teléfono.

Con la introducción de iOS 8 y el iPhone 6 y 6 Plus, Apple lanzó unos pocos cambios grandes. Ahora podrá almacenar incluso más tipos de documentos con iCloud Drive y acceder a ellos desde cualquier teléfono inteligente, tableta o computadora. Además, hasta 6 miembros de la familia podrán ahora compartir las compras de iTunes, iBooks, y la App Store, eliminando la necesidad de comprar una aplicación dos veces, simplemente porque usted y un ser querido tiene dos cuentas de iCloud diferentes.

Para los usuarios que necesitarán más de 5 GB, Apple ha reducido drásticamente el costo de iCloud :

50 GB es de $ 0.99 por mes
200 GB es de $ 2.99 por mes
1 TB (1000 GB) es $ 9.99 por mes
2 TB (2000 GB) es $ 19.99 por mes

CONSEJOS DE BATERÍA

El iPhone XS promete una mejor duración de la batería, la más larga de todas, de hecho. Pero seamos realistas, no importa cuán buena sea la batería, probablemente le encantaría tener un poco más de vida a su cargo.

Desactivar notificaciones

Mi mamá me dijo que su batería no parecía durar mucho. Miré su teléfono y no podía creer cuántas notificaciones se activaron. Ella no sabe absolutamente nada acerca de las acciones, ni tiene ningún deseo de aprender, y sin embargo, tenía un indicador de acciones en marcha. Es posible que desee notificaciones en algo como Facebook, pero es probable que haya docenas de notificaciones que se estén ejecutando en segundo plano y que ni siquiera conozca. Deshacerse de ellos es fácil; Vaya a 'Configuración', luego a 'Notificaciones'. Cualquier cosa que aparezca como 'Centro de notificaciones' está actualmente activa en su teléfono. Para deshabilitarlos, toque la aplicación y luego apáguela. No se han ido para siempre; en cualquier momento que desee volver a encenderlos, simplemente vaya al final donde dice "No está en el Centro de notificaciones" y vuelva a encenderlos.

Brillo

Bajar el brillo solo un tono puede hacer maravillas para su teléfono e incluso puede darle a sus ojos el alivio necesario. Es fácil de hacer; Ir a Configuraciones, luego a 'brillo'. Simplemente mueva el control deslizante a un "ajuste" con el que se sienta cómodo.

Email

Prefiero saber cuándo recibo un correo electrónico tan pronto como llega. Al hacer esto, mi teléfono está constantemente actualizando el correo electrónico para ver si algo ha llegado en; Esto agota la batería, pero no demasiado terriblemente. Si usted es el tipo de persona que no le importa realmente cuando reciben correo electrónico, entonces podría ser bueno para simplemente cambiar de automático a manual. De esa manera solo verifica el correo electrónico cuando tocas el botón de correo. Para activar el manual, vaya a 'Configuración', luego a 'Correo, contactos, calendarios' y finalmente vaya a 'Obtener datos nuevos'. Ahora ve a la parte inferior y toca

'Manualmente' (siempre puedes volver a cambiarlo más tarde).

Ubicación, Ubicación, Ub ... Recorrido de Batería

¿Has oído hablar de aplicaciones basadas en la ubicación? Estas aplicaciones usan tu ubicación para determinar dónde estás exactamente. En realidad, es una gran característica si está utilizando un mapa de algún tipo. Así que digamos que usted está buscando un lugar para comer y tienes una aplicación que recomienda restaurantes, utiliza el GPS para determinar su ubicación por lo que puede decir lo que está cerca. Eso es genial para algunas aplicaciones, pero no lo es para otras. Cada vez que utilice el GPS, que va a drenar su batería, así que es una buena idea para ver qué aplicaciones están utilizando y pregunta si realmente desea. Además, puede apagarlo por completo y encenderlo solo cuando sea necesario. Para hacerlo, vaya a 'Configuración', luego a 'Servicios de ubicación', desactive cualquier aplicación que no quiera usar (se puede volver a activar más tarde).

ACCESORIOS

El 90% de ustedes probablemente estarán completamente contentos con estas correcciones y felices con la duración de su batería; pero si aún quieres más, considera comprar un paquete de masa. Los paquetes de baterías hacen que su teléfono sea un poco más voluminoso (se deslizan y se adhieren a la parte posterior de su teléfono), pero también le brindan varias horas más de vida. Cuestan alrededor de $ 70. Además, se puede obtener un cargador externo que se deslice en su bolso. Estos paquetes permiten cargar cualquier dispositivo USB (incluyendo iPhones y iPads). Los cargadores de baterías externos cuestan casi lo mismo, la única ventaja de un cargador frente a un paquete es que cargará cualquier dispositivo que tenga un USB, no solo el iPhone.

Sin embargo, la forma más fácil de ahorrar batería es ir a Configuración> Batería   y encienda el "Modo de bajo consumo". Esta no es la configuración ideal para el uso normal del teléfono, pero si solo tiene el 20% de su batería y la necesita para durar más tiempo, entonces está ahí.

[10]

APLICACIONES

IMPRESCINDIBLES

Este capítulo cubrirá:
- Aplicaciones imprescindibles

Esta lista no estará llena de aplicaciones de las que haya oído hablar. ¿Realmente quieres que te cuente sobre un pequeño juego llamado 'Angry Birds'? O un sitio de redes sociales llamado 'Facebook'? Si no conoce las aplicaciones, estoy seguro de que alguien de su familia le contará todo sobre ellas tan pronto como le muestre su iPhone. Lo que sigue son algunas aplicaciones que quizás no conozca, pero que seguramente se beneficiarán. Tenga en cuenta que los precios son establecidos por los editores de la aplicación y pueden aumentar o disminuir cuando los busque.

SignNow : Gratis

¿Alguna vez ha recibido un correo electrónico con un archivo adjunto que debía ser firmado? Usted lo imprime, luego lo escanea, luego lo envía de vuelta. SignNow quita algunos de esos pasos; la aplicación le permite firmar un documento directamente desde el teléfono sin la necesidad de imprimir y firmar manualmente.

JotNot : Gratis. Versión Pro: $ 1.99
Hablando de escanear, ' JotNot ' te permite escanear un documento con tu cámara. También te sorprenderá la calidad del documento final. No es lo mismo que escanear, pero es tan bueno como lo obtendrás desde un teléfono.
Traductor de Google: Gratis
Esta aplicación es un sueño de los viajeros. Puede decir una palabra al traductor, y le dirá cómo

decirlo en más de dos docenas de idiomas. Incluso
lo pronuncia por ti!
SwipeSpeare - Shakespeare Moderno: Gratis
Este es un muy buen lector de Shakespeare. Se te
permite alternar entre el original de Shakespeare
La N calibre y un lenguaje de Shakespeare
moderna con el golpe de su dedo.
Hipstamatic : Gratis
Descubrirás rápidamente que hay muchas aplicaciones de cámara por ahí. Si eres un fanático de la
vendimia, prueba la aplicación ' Hipstamatic ' . ¡Convierte tu iPhone en una antigüedad
digital!

8mm: $ 1.99

8mm es el mismo concepto que ' Hipstamatic ',
pero en lugar de tomar fotos con cámaras de fotos

antiguas, toma videos con cámaras de video antiguas.

LoMeln Ignition: $ 29.99

Treinta dólares es bastante caro para una aplicación, es lo más que probablemente pagarás por una aplicación, así que, ¿qué lo hace tan bueno? Se puede acceder a su ordenador remotamente desde su teléfono. Eso significa que si está en el trabajo y olvidó un archivo en su computadora, puede iniciar sesión y enviarlo por correo electrónico.

Crackle: Gratis

Si eres fanático de ' Hulu ' (el sitio web de Internet que te permite transmitir programas de TV y películas de forma gratuita), pero no quieres pagar más para obtener ' Hulu +' en tu teléfono, prueba 'Crackle'. Tiene un montón de espectáculos gratuitos de larga duración, e incluso tiene películas gratuitas.

Flixster : Gratis

Si vas al cine con frecuencia, esta es una aplicación que debes tener. Le brinda los horarios de los espectáculos para cualquier sala de cine cerca de usted con el GPS de su teléfono. Varios teatros también te permiten comprar entradas de cine directamente desde la aplicación.

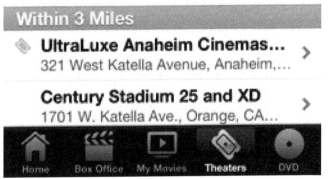

Carcassonne: 9.99

Este será probablemente el juego más caro que compres en el iPhone, pero vale la pena. Si nunca has jugado el juego de mesa original, entonces usted está adentro para un convite. También es genial si quieres jugar con otras personas que tienen un iPhone o un iPad.

SignNow: Free

Have you ever received an email with an attach-
ment that needed to be signed? You print it, then
scan it, then send it back. SignNow takes away
some of those steps; the app lets you sign a document straight from your phone without the need to
print and sign manually.

JotNot: Free. Pro Version: $1.99

Speaking of scanning, 'JotNot' lets you scan a document with your camera. You'll be surprised by the quality of the final document too. It's not the same as scanning, but it's as good as you'll get from a phone.

Google Translate: Free

This app is a travelers' dream. You can speak a word into the translator, and it will tell you how to say it in over two dozen languages. It even pronounces it for you!

SwipeSpeare – Modern Shakespeare: Free

This is a very cool Shakespeare reader. It let's you toggle between the original Shakespeare language and a modern Shakespeare language with the swipe of your finger.

Hipstamatic: Free

You'll quickly discover that there are a lot of camera apps out there. If you are a fan of vintage, then try 'Hipstamatic's app. It will turn your iPhone into a digital antique!

8mm: $1.99

8mm is the same concept as 'Hipstamatic', but instead of taking pictures with old photo cameras, it takes videos with old video cameras.

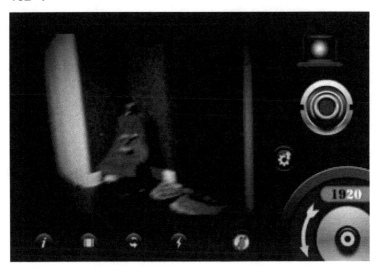

LoMeIn Ignition: $29.99

Thirty dollars is pretty steep for an app, it's the most you will probably ever pay for an app, so what makes it so great? It can log into your computer remotely from your phone. That means if you are at work and forgot a file on your computer, you can log in and email it to yourself.

Crackle: Free

If you are a fan of 'Hulu' (the Internet website that lets you stream TV shows and movie for free), but you don't want to pay extra to get 'Hulu+' on your phone, then try 'Crackle'. It has plenty of full-length free shows, and even has free movies.

Flixster: Free

If you go to the movies often, then this is a must have app. It gives you the show times for any movie theater near you using your phone's GPS. Several theaters also let you buy movie tickets directly from the app.

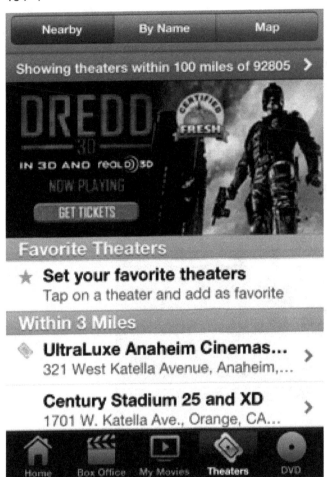

Carcassonne: 9.99

This will probably be the most expensive game you purchase on the iPhone, but it's very much worth it. If you have never played the original strategy board game then you are in for a treat. It's also great if you want to play with others who have an iPhone or an iPad.